L'HÉRITAGE

ET LES HÉRITIERS

DES DU BELLAY

PAR

L'Abbé Ch. POINTEAU

Curé d'Astillé (Mayenne)

Extrait des *Procès-Verbaux et Documents*
de la *Commission historique et archéologique de la Mayenne.*
Tome 2e, 1880-1881.

LAVAL

IMPRIMERIE DE LÉON MOREAU

1883

L'HÉRITAGE

DES DU BELLAY

L'HÉRITAGE

ET LES HÉRITIERS

DES DU BELLAY

PAR

L'ABBÉ CH. POINTEAU

CURÉ D'ASTILLÉ (Mayenne)

Extrait des *Procès-Verbaux et Documents*
de la *Commission historique et archéologique de la Mayenne.*
Tome 2e, 1880-1881.

LAVAL

IMPRIMERIE DE LÉON MOREAU

1883

L'HÉRITAGE

ET LES HÉRITIERS

DES DU BELLAY

Les du Bellay, célébrés sur tous les tons par les historiens et par les poètes, sont des personnages si connus, qu'il n'y aurait aucune espèce d'intérêt à rappeler, dans un mémoire scientifique, ce qui les distingua de leurs contemporains, charges, faveurs, influence dans les lettres et dans les cours, actions signalées qui leur ont valu leur place historique soit dans les annales de la France, soit dans celles de l'Église universelle. Ils tiennent, d'autre part, comme l'on sait, à notre histoire du Maine, par les bénéfices qu'ils y ont obtenus, Tyron, Fontaine-Daniel, évêché du Mans, etc., par les grands biens qu'ils y ont possédés, Boisthibault près de Lassay (1), la Pallu, paroisse de Saint-Mars-sur-Colmont (2) Orenge, la Feillée, etc., enfin par leur naissance au manoir de Glatigny lequel, à l'époque, était du Maine. Ainsi, à bien des égards, il y a raison d'intéresser les commissions locales de cette

(1) Le château du Boisthibault, qui n'offre plus qu'une assez imposante ruine, était venu dans cette maison par Jeanne de Logé, grand'mère du cardinal et de ses frères.

(2) Titres de Goué : Jacques du Bellay, baron de Thouarcé, le même qui fut gouverneur d'Angers durant les troubles religieux, obtint cette terre par son mariage avec Antoinette de la Pallu. Le nom de leur fils aîné, René du Bellay, baron de la Lande, reviendra souvent dans ce mémoire.

province à certaines pièces manuscrites qui rappelleront, entre autres, les plus célèbres membres de cette famille, Guillaume sire de Langey gouverneur de Piedmont, le même dont on admire le monument funéraire dans la cathédrale du Mans et le cardinal Jean son frère, dont la main atteignant à la tiare faillit, dit-on, l'obtenir, et qui par ses dispositions testamentaires, occasionna, pour son héritage, une contestation de dix-huit années, cause de ce mémoire historique.

Au nombre des titres qui restent de ce procès, il y en a deux qu'il convient de distinguer immédiatement, savoir le testament de Guillaume du Bellay sire de Langey, 13 novembre 1542, et celui de Jean du Bellay, cardinal évêque d'Ostie, 15 mai 1555 (1).

On ne saurait se dissimuler combien il est difficile d'accommoder, en forme de document, une liasse informe et incomplète de papiers d'affaires. Toutefois, qu'en faveur de la rectitude de l'intention, *jeter pour notre histoire locale des notes sur une époque intéressante*, on nous passe la témérité de l'entreprise. Pour la conduire avec ordre et avec une juste sobriété de détails, nous donnerons : 1º l'*extensum* du testament de Guillaume du Bellay ; 2º le compte-rendu analytique du testament en latin du cardinal ; 3º l'histoire du procès après la mort de celui-ci ; 4º les pièces : l'*extensum* de quelques-unes, notamment le texte latin sus-indiqué et l'indication des autres (2).

(1) Ces deux curieux documents sont probablement inédits : M. Bertrand vice-président de la Société historique du Maine, savant très versé dans l'étude de cette époque, nous écrivait avec sa bienveillance accoutumée, le 14 janvier 1883 : « .... Quant « aux du Bellay, il n'est pas à ma connaissance que leurs testa- « ments aient été publiés. J'ai noté l'existence d'une copie de « celui de Guillaume, du 13 novembre 1542, à Turin, dans le « Nº 4,432, folio 73 du fonds français de la Bibliothèque natio- « nale à Paris.....»

(2) Tous nos documents sont des archives de Goué.

I

Testament de Guillaume du Bellay.

« Coppie.

« Par devant Pierre Bolliot notaire et secretaire du Roy en sa chancellerye de Piedmont greffier du parlement dudit pays de Piedmont fut present en sa personne hault et puissant seigneur messire Guillaume du Bellay sieur de Langey· et Glatigny chevallier de l'ordre du Roy cappitaine de cinquante hommes d'armes de ses ordonnances et son lieutenant general en Itallye lequel de son propre mouvement et franche volonte sain de pensee et entendement combien quil fut mal dispose de son corps feist et ordonna faict et ordonne par ces presentes son testament mancipation et ordonnance de derniere volonte en la forme qui sensuyt.

« Premierement apres avoir recommande son ame a Dieu luy suppliant vouloir par vraye contriction le faire participans du mérite de sa benoiste passion a voulu et ordonne veult et ordonne ledict sieur testateur sil advient quil decede en ceste ville de Thurin ou de présent il est mallade ou ailleurs en ce pays de Piedmont son corps estre enterre en leglise metropolitaine de Sainct Jehan de ceste dicte ville de Thurin et a son enterrement et antres jours accoustumez estre faict et celebrez les services a lordonnance de messire Martin du Bellay chevallier seigneur de la Herbaudiere cappitaine de mil chevaulx legiers et gouverneur de ceste ville de Thurin son frère et l'un de ses executeurs cy apres mentionnez Et sil advient que ledict sieur testateur decedde hors çe dict pays de Piedmont son dict corps estre enterre et les dicts services estre faictz a la discretion et ordonnance dudict seigneur de la Herbaudiere son frere.

« *Item* ledict seigneur testateur a donne et legue donne et legue a ladicte eglise Sainct Jehan de ceste dicte ville de Thurin ou cas quil y soit enterre la somme de cinq cens livres tournois pour une foys oultre la somme d'autre cinq cens livres tournois par ledict seigneur testateur a ladicte eglise ordonnee pour la sepulture de feue dame Anne de Crequi jadys dame de Pont de Remi sa femme moyennant lesquelles sommes les chanoynes et chappitre de ladicte eglise seront tenuz dire et celebrer par chacun an deux anniversaires cest assavoir lun a tel jour que ladicte feue Anne de Crequi fut enterree et lautre que ledict sgr testateur sera enterre en ladicte eglise Et oultre lesdicts chanoynes et chappitre seront tenuz celebrer et continuer par chacune sepmaine de lan en ladicte eglise deux basses messes lune a tel jour que ladicte dame de Crequi deceda et lautre a tel jour que led testateur deceda Et a ce a lintencion pour le salut des ames dicelluy testateur et de ladicte de Crequi jadys sa femme et de tous les trespassez et sil advenoit que ledict sgr testateur decedast hors cedict pays de Piedmont a volu et ordonne en cas que lanniversaire et messes ordonnees pour ladicte dame de Crequi jadys sa femme soient fondez dictz et celebrez en ladicte eglise de Thurin et l'autre messe et anniversaire estre fondez dictes et celebrez en leglise parrochial dud lieu de Langey (1).

« *Item* a ordonne et ordonne ledict sgr testateur toutes et chacune ses debtes (2) estre bien et loyaulement payees et tous et chacun ses serviteurs estre payez et satisfaictz

---

(1) On sait que Langey mourut en France le 9 janvier 1543, sur le mont Tarare, à S. Symphorien, que son frère René, alors évêque du Mans, le fit apporter dans son église cathédrale et que ses deux autres frères Jean et Martin l'y honorèrent du mausolée qui subsiste encore (Dom Piolin, v. 386).

(2) Il en était criblé à cause de ses libéralités (Dom Piolin : ibid. — Hauréau : *Hist. litt. du Maine* : édit. de 1845, III, 103.)

de leurs gages et services jusques a troys moys apres le
trespas dudict testateur Et oultre leurs dicts gages donne
et legue led sgr testateur a sesd serviteurs et autres cy
apres nommez les sommes et choses qui sensuyvent.

« PREMIEREMENT que la somme de deniers par luy
promise au sgr de Bullou (1) en traicte de mariage entre
luy et Renée Daunay demoiselle niepce dudict seigneur
testateur soit payee selon lad promesse a damoiselle
Charlotte Daunay aussi sa niepce la somme de mil livres
tournois pour une foys en augmentation de son mariage
aussi a demoiselle de Grant maisons cent livres tournois pour une foys a Roger Tehez ou a ses heritiers sil
est mort cinquante livres tournois paur une foys au sgr
de Sainctaye six cens livres tournois pour une foys a
Jehan de Bryon trois cens livres tournois pour une foys
à Michel de Saches cinquante livres tournois pour une foys
a Claude Massuau cent livres tournois pour une fois paye
a François Maillard autres cent livres pour une fois paye
a Denis Josson cinquante livres tournois pour une foys a
Jehan Trousset trois cens livres tournois pour une foys a
Jullien Vinet trois cens livres tournois a Francois Le
Barbier cinquante livres ts pour une foys a Jehan de
Cerces ce que l'affirmation par led sgr testateur faicte
quant led de Cerces fut marie ce trouvera plus monter
que le bien dicelluy de Cerces ne valloit lors a messire
Charles Girard vingt cinq livres tournois par chacun an
jusques a ce que ces heritiers layent pourveu ou faict
pourvoir en leglise jusques a cent livres tournois de
revenu par an ou environ a Jehan Bullon cinquante livres
tournois pour une foys a Jacques Haumet orfeuvre
allemant deux cens escuz sol pour une foys paye a Jehan
Anthoine de Mavey deux cens livres tournois pour une
foys paye a Pierre appoticaire a chacun deux cens livres
tourn pour une foys paye a Odouart Girault cinquante

(1) Jacques de la Ferrière, époux de Renée d'Aulnay, nièce
du testateur.

livres tournois pour une foys a la lavandiere Marie vingt escuz pour une foys oultre ce que luy sera deu de ses gages et aux aultres ses serviteurs la somme de mil livres tournois qui leur sera departye et distribuee a la discretion de ses dicts executeurs.

« *Item* veult et ordonne led sgr testateur que ledict messire Martin du Bellay son frere donne au sgr Dherbye (1) et Bahuet a chacun ung bon cheval de service pour homme darmes.

« *Item* a donne et donne led sgr testateur a Jacques Daunay son nepveu lun de ses harnoys dorez ung de ses coursiers ung roussin ung cheval despagne et ung turc.

« *Item* aud sgr de Bullou le harnoys dore qui luy a faict delivre le coursier des geysselle qui luy a este baille et ung autre grant cheval de son escurye a la discretion dudict messire Martin [du Bellay frère] dud sgr testateur.

« *Item* au sieur de Boullancourt a donné et donne led sgr testateur le grant jeune coursier bay et tel que vouldra choisir de ses jeunes roussins.

« *Item* icelluy sgr testateur donne a monseigneur maistre Francoys Erault conseiller dud sgr roy maistre des requestes ordinaire de son hostel son president et viz chancelier derrier les mons sans volumes de ces livres telz que led sgr vouldra choisir et le surplus donne audict Daunay son nepveu.

« *Item* au sieur de Rabelais et a messire Gabriel Capheure medesin (2) veult et ordonne led sgr testateur qui leur soit donne oultre leurs sallaires et vaccations cest assavoir audict Rabelais cinquante livres tournois par an jusques ad ce que ses héritiers layent pourveu ou faict pourvoir en lad eglise jusques a trois cens livres

---

(1) Est-ce Edouard Stanley, comte de Derby ? Il y en a quelque probabilité.

(2) On lit plus bas Caphcre. Il faut peut être un accent aigu sur le dernier *e* : jamais les accents ne sont marqués dans les vieux titres.

tournois par an (1) aud Caphere cinquante escuz sol pour une foys payé.

« *Item* a donne et legue ledit seigneur testateur audict messire Martin du Bellay son frere la tierce partye des terres ou seigneuryes de Glatigny Boysauvet la Jousseliniere et de tous les autres biens immeubles appartenant aud testateur es pays dAnjou Vendosmoys et du Maine Et si aucuns desd biens estoient vendus a faculte de rachapt a donne et legue aud messire Martin du Bellay son frere le droict et faculte de pouvoir rachepter lesd biens.

« *Item* a pareillement led seigneur testateur donne et legue aud messire Martin du Bellay son frère tout le droict ypoteque ou aultre qui aud sgr testateur appartient et peult appartenir en et sur tous et chacun les biens de la succession de feu noble seigneur Loys du Bellay seigneur du lieu de Langey pere dud sgr testateur et dud messire Martin (2) tant pour la récompence de la terre et seigneurye de Lignerolles jadis appartenant aud sgr testateur cacause de la succession de feu dame

---

(1) Le legs à Rabelais est de même nature que celui marqué ci-dessus en faveur de messire Charles Girard : Langey laisse à ses héritiers pour ces personnes, la charge d'une rente annuelle, et le soin de les pourvoir d'un bénéfice dans l'église, s'ils veulent se décharger eux-mêmes. Ce curieux passage précise nettement la position qu'avait Rabbelais à cette époque, et confirme une conjecture d'Hauréau : « Rabelais, dit-il, paraît avoir assisté aux derniers moments de Guillaume », puis il donne ses raisons qui sont intéressantes. (*Hist. litt. du Maine*, 2ᵉ édition, t. III, p. 99 et 100). Jean du Bellay évêque de Paris, depuis 1532, ne tarda guère après la mort de Langey à se dégrever lui et les siens en donnant une cure à Rabelais (1545). «.... Rabelais dont il fit son secrétaire, qu'il nomma curé de Meudon et dont il recevait de fréquents appels de fonds.» (*Les évêques et archevêques de Paris* par le vicomte d'Avenel, t. 1ᵉʳ p. 240). Les du Bellay et Rabelais avaient été compagnons d'études (Voir le *Dictionn. hist.* de Bouillet : art. Rabelais, et la *Revue du Maine*, tome VI, où l'on dit que Rabelais reçut du même la cure de Saint-Christophe du Jambet en même temps que celle de Meudon).

(2) Les du Bellay étaient enfants de ce Louis et de Marguerite de la Tour Landri.

Katherine de la Tourt sa tante icelle terre vendue par led sgr Loys du Bellay que pour raison de l'administration que icelluy feu sgr du Bellay y avait eue des biens dud sgr testateur et pour les debtes dud feu sgr Loys du Bellay payee par led sgr testateur son filz.

« *Item* oultre a led sgr testateur donne et legue aud messire Martin du Bellay son frere tout ce que par les coustumes des lieux ou ses biens immeubles sont situez et assis par luy peult donner et leguer.

« *Item* led testateur a conferme et conferme par ces presentes la donation par luy cy davant faite aud messire Martin du Bellay son frere les terres et seigneuryes de Langey de Cloye Jousseliniere Salle et Viel pont et autres biens immeubles qua icelluy sgr testateur appartenaient aux pays et vicomte de Dunoys duche de Vendosmoys et comte de Bloys voullant et ordonnant que les dictes choses donnees et leguatz par luy faictz aud messire Martin du Bellay son frere luy soient baillees tout en ung lieu en commencant au lieu et terres et seigneuryes de Langey et continuant en icelle terre de Langey et ez aultres biens situez en Dunoys et puis apres sur la terre et seigneurye de la Jousseliniere et terre de Vendosmoys de Bloys et Perche en Perche et si les coustumes sur lesquelles lesdits sont situes et assis sont a ce contraire en tout ou en partye diceulx (led) testateur prie ses heritiers cy apres nommez que nonobstant lesd coustumes pour les donnations et legatz dessusd ilz souffrent et laissent led maistre Martin du Bellay son frere jouyr desd terres de Langey Cloye et autres biens de la Jousseliniere de Dunoys Vendosmoys et Blesuoys lesquelz biens de Langey Cloye et autres situez en Dunoys Vendosmoys et Blaisoys led seigneur testateur a voulu et ordonner (*sic*) veult et ordonne demourer entièrement et sans division aud messire Martin du Bellay son frere et apres son trespas a son filz esne et conséquemment desne en esne de la maison descendant des descendans dud maistre Martin du Bellay (1) inhibiteur et deffendant icelluy sgr testateur lesd terres estre vendues ne allouees par partage ou autrement tant et si longuement quil y aura en la succession dud Martin du Bellay et des descendans de luy oultre les terres dessusd de quoy bailler les partages aux puisnez et sil avenoit que led maistre Martin du Bellay son filz esne ou enfant dessendant des esnez decedassent sans masles et neussent que filles et on trouve aucun des nons et armes dud sgr testateur qui espousast lune desd filles en ce cas a voulu et veult led sgr testateur que lesd choses dessus donnees et leguees appartiennent a lad fille ayant espouse ung gentilhomme desd nons et armes (2) et aux fils esnez descendant dud mariage et consequemment daisne en aisne en deffault de masle en fille comme dessus.

« *Item* au residu de tous et chacuns ses autres biens meubles et immeubles non droictz et actions presens et advenir led sgr testateur a faict instituer ses héritiers universelz ceulx qui par coustume ou ses biens sont assis ou le doibvent estre cest assavoir monseigneur Jehan cardinal du Bellay et reverand pere en Dieu Rene du Bellay evesque du Mans le dessus nommé maistre Martin du Bellay ses freres demoiselle Loise du Bellay dame de Villeneuve la Guyard sa sœur (3) et damoiselle Claude de Gravy sa niepce (4) auxquels cinq héritiers laisse toute sa succession a departir ainsy que les coustumes le portent fors et excepte ce quil en a donne par donnation entre vifz et par ce present testament aud messire Martin

---

(1) Maistre, doit être ici une faute du copiste : ce terme ne s'appliquait jamais à l'égard des nobles à moins qu'ils n'eussent une charge libérale, et encore moins à l'égard d'un personnage du rang de Martin du Bellay.

(2) Marie fille aîné de Martin épousa René du Bellay son cousin sieur de la Lande.

(3) Femme de Charles d'Aunay, sieur de Villeneuve la Guyard.

(4) Claude de Gravy, fille d'Ambroise baron de Cousteaux, et de Renée du Bellay.

du Bellay et sur laquelle succession il veult et ordonne toutes et chacunes ses debtes qui se trouveront estre raisonnables et pareillement les legatz par luy faictz par ce present son testament et ordonnance de derniere volunte estre payez par sesd heritiers et ced present testament valloir comme testament codicille fidemission ou autre ordonnance de derniere volunte en la meilleure forme que valloir pourra.

« *Item* et a led sgr testateur esleu et ordonne eslist et ordonne les executeurs de cestuy son testament mond sgr reverendissime cardinal du Bellay reverend pere en Dieu Rene du Bellay evesque du Mans led messire Martin du Bellay ses freres et led sgr monsgr maistre Francoys Erault president et vichancellier deca les mons ausquelz et a chacun deulx et a donne et donne plain pouvoir auctorite et mandement special dexecuter et observer et faire executer et observer et accomplir sond testament et ordonnance de deniere volunte en tous et chacuns ses poinctz et articles les priant quilz veullent prendre et accepter ceste charge specialement led sgr messire Martin du Bellay son frère president et vichancelier de Piedmont faire au plustost escripre et inventorier ses meubles et debtes actives pour satisfaire promptement a ses debtes passives et mobilieres et en acquicter sa conscience en revocquant et mectant au neant tous autres testamens que led sgr testateur peult avoir faictz par cy devant presens et assistans messire Paulle de Termes chevalier seneschal de Rouergue cappitaine general des chevaulx legiers et gouverneur de Savillay messire Anthoenne Loys de Savoie conte de Pontallier conseiller chevallier aud parlement de Piedmont messire Regne de Berasgue conseiller dud seigneur roy en son parlement a Paris et son maistre des requestes deca les mons messire Marin de Peschere chevallier sgr dud lieu et gouverneur de Moncallier messeigneurs maistre Meschiel de Gart Estienne de Serges Pernet de Langlaines Francoys Vitat mestre Gasti aussi conseillers

dicelluy sgr roy aud parlement de Piedmont maistre
Francoys Roy pareillement conseiller dud sgr roy et son
advocat aud parlement de Piedmont maistre Francoys de
la Colombiere tresorier et recepveur general des finances
dud sgr roy de Savoye et Piedmont et maistre Bernard
Le conte secretaire du conseil de monseigneur le lieutenant
general pour led. sgr roy en Itallye desormais adce appelez requis par led sgr testateur et led notaire et secretaire a recepvoir cestuy son testament et lexpedier en
forme deue quant besoing sera ausd sgrs heritiers et
autres a qui il appartiendra faict et passe à Thurin en la
maison archeppiscoppalle le treziesme jour de novembre
lan mil cinq cens quarante deux en son vivant faict et
institue faict comme dessus (1).

« Ceste coppie a este extraicte de la mynute original
avec laquelle a este faicte collation de cested coppie par
moy notaire et secretaire. »

(1) Sur la mort de Guillaume du Bellay, 9 janvier 1543, ou
plutôt 1542 suivant l'ancienne manière de commencer l'année,
lire la biographie de René du Bellay, *Hist. littér. d'Hauréau*,
Ed. 1845, tome III.

II

Testament de Jean du Bellay cardinal évêque d'Ostie. (compte-rendu analytique.)

Comme le testament de Jean du Bellay fut écrit én latin, il convient de n'en donner ici que l'analyse et de remettre à plus tard le texte latin. Même, il faut le dire déjà, nous ne possédons de ce testament qu'une copie partielle et pointillée, extraite avec soin cependant par les héritiers du cardinal peu de temps après sa mort et collationnée avec l'original. C'est une pièce en papier et en écriture du xvie siècle, qui a passé sous les yeux des deux Chauvelin et d'Etienne Pasquier, jurisconsultes célèbres et contemporains : ils y font une claire allusion dans une délibération signée de leurs mains le 16 décembre 1577 et jointe au dossier (1).

On doit regretter que le tabellion copiste n'ait pas reproduit l'original lettre à lettre : les nombreux *et cœtera* par lesquels il termine la plupart des articles testamentaires dont il donne connaissance, indiquent son intention de dégager seulement les dispositions qui concernaient strictement l'héritage. Il abrège aussi les formules de chancellerie et assurément il a passé sous silence des articles qui intéresseraient au plus haut point. Comment croire, par exemple, que ce cardinal n'ait pas fait par testament plus de dispositions religieuses qu'il n'y en a

(1) Voir aux pièces justificatives le fragment testamentaire et la consultation des Chauvelin et Pasquier. Cette pièce, extraite à Rome en 1567, mise sous les yeux de ces jurisconsultes par Ambroise de Goué en 1577, est accueillie par eux comme sérieuse; elle apparut d'ailleurs dans les différentes péripéties du procès : elle est donc authentique ou au moins très intéressante.

de marquées dans cette copie intéressante mais incomplète ? Les historiens cependant en signalent d'autres ; ils disent : « Le cardinal du Bellay mourut à Rome, le 16 février 1560 (1), âgé de 68 ans et fut enseveli dans l'église de la Trinité du Mont, au couvent des Minimes Français auxquels il léguait par testament la moitié de sa riche vaisselle et 30.000 écus d'or » (2). L'abbé Rohrbacher rappelle que Jean du Bellay légua à sa mort, pour l'entretien des Germaniques, un fonds de terre dans les Marais Pontins (3).

Par une conséquence des préoccupations qui le fixèrent constamment au milieu du plus grand monde, ce prince de l'église, qui ne fut pas cependant sans qualités morales et religieuses très réelles, est pour ainsi dire condamné à ne jamais paraître dans l'histoire que du côté externe et temporel. On n'a que peu étudié son attachement à l'Eglise et au Saint-Siége, son dévouement sans bornes à un ordre célèbre qui se levait de son temps pour combattre victorieusement l'hérésie envahissante (4), et l'importance de ses œuvres de bienfaisance et de piété. Son testament, du moins le fragment en question, froid comme ses notices, n'échauffa que ses héritiers.

La plus importante de ses clauses s'y trouve aussitôt après le préambule : c'est une *donation universelle* « à très illustre dame Marie, sa nièce, fille aînée d'illustre écuyer Martin du Bellay, pour lors gouverneur au

---

(1) Cette date, qui serait, suivant notre manière actuelle de compter, du commencement de l'année 1560, était en réalité, à l'époque, de la fin de l'année 1559.

(2) *Histoire littéraire du Maine*, par Hauréau, 1845, t. III, pages 145, 146. Dom Piolin : *Histoire de l'Eglise du Mans*, t. V, p. 401. *Gallia Christiana VII.*

(3) Le collége germanique était un Séminaire en faveur des allemands, fondé à Rome par S. Ignace de Loyola et le célèbre Canisius en 1552. Jean du Bellay y souscrivit pour 150 écus d'or et plus, et enflamma le zèle des cardinaux dont il était doyen, pour cette œuvre éminemment catholique. Voir de curieux détails dans Rohrbacher, XXIV, p. 292. Edition de Paris, 1859.

(4) L'ordre de la Compagnie de Jésus.

nom du roi de la province de Normandie, de tous et
chacun ses biens meubles et immeubles, même de ses
objets précieux, droits, noms, actions, quelque part qu'ils
se trouvent et en particulier les vallées ou marais nommés
les *Palludes Pontines*, tels qu'il les a reçus de très haute
dame la Reine de France (1), ou à quelqu'autre titre
qu'il les possède. Il veut qu'après sa mort elle en jouisse
à sa volonté, sans en être contredite de qui que ce soit,
à la charge cependant de payer ses dettes et aux sociétés
de l'Ecole Germanique et de l'Annonciation de la Bien-
heureuse Vierge Marie, fondées et dotées par lui, les
sommes et redevances d'usage.

« Au cas que la très illustre dame Marie, sa donataire
et nièce aînée vienne à décéder sans fils et sans fille
légitime, il veut, règle et ordonne qu'à elle et dans ce
cas soient substituées pour le même héritage et aux
mêmes conditions, la seconde des filles de Martin du
Bellay et ses enfants et au besoin la troisième et ses
enfants, si la seconde mourait privée d'héritiers.

« Il veut toutefois et ordonne que Marie du Bellay et
ses sœurs soient écartées en faveur des fils légitimes
dudit Martin du Bellay, son frère germain, s'il lui en
survenait à l'avenir.

« Il demande enfin que si ladite très illustre dame
Marie, sa donataire, prédécédait ou que s'il venait lui-
même à se repentir de sa donation, celle-ci soit regardée
comme annulée.

« Étaient présents les *signors* Sylvestre Aldobrandini,
Pyrrus Thero, Remi Donluci, du diocèse de Chartres,
médecin du très révérendissime cardinal testateur, Pierre
Concariet, clerc de Soissons, son secrétaire, et François
Villanova, clerc de Sinigaglia, témoins.

« Ce fut passé dans la Cité Léonine, bourg Saint-Pierre,
au palais résidentiel dudit révérendissime et illustrissime

____

(1) Catherine de Médicis, femme du roi Henri II ?

Cardinal, qui signa avec les cinq témoins précités et Jean-Pierre Forteguerra, clerc de Pistoie, notaire juré.

« Le 29 septembre 1567, le révérend *signor* Balthasar Tucius de Pistoie et le *signor* Pierre Rivaldi, notaire de Rote, visèrent et reconnurent l'écriture du susdit *signor* Jean-Pierre Forteguerra, prêtèrent serment et Jean-François Bucca accepta de signer cette reconnaissance (1).

(1) C'est la pièce qu'on lira ci-après *in-extenso*. Le testament lui-même est du 15 mai 1555 *sede vacante per obitum Marcelli dum vixit pp ij*. Marcel II fut élu pape le 9 avril 1555 et mourut 24 jours après son élection (3 mai); son successeur, Paul IV, fut élu le 25 mai : il est remarquable que pendant la vacance, du 3 au 25 mai, Jean du Bellay, d'une part, fit son testament, et d'autre part obtint un grand nombre de voix pour la papauté, au rapport des historiens : c'est une simple constatation historique qui doit avoir son intérêt.

III

Les héritiers du Cardinal et leur procès.

Les débats qui se produisirent à la mort du Cardinal entre ses parents, à l'occasion de son testament ou pour d'autres donations antérieures qui s'y résumaient, toutes favorables à Marie du Bellay, durèrent jusqu'au 17 décembre 1577. Sans ces dispositions, tous les héritiers naturels auraient partagé au tiers ses meubles, et suivant les coutumes, les grands biens qu'il laissait en Italie, au Maine et dans le Vendômois. Ils lui étaient venus, d'une part de dons et acquisitions et d'autre part de l'héritage de ses père et mère Louis du Bellay, sieur de Langey et Marguerite de la Tour-Landry, 17 juillet 1546. A cette date le Cardinal et René son frère, évêque du Mans (1), s'opposèrent *aux criées des héritages paternels et maternels,* saisis sur Guillaume du Bellay, sieur de Langey, leur frère aîné, mort dès le 9 janvier 1543, et se firent adjuger leurs portions avec le consentement de Martin du Bellay, sieur de Langey, devenu l'aîné et principal héritier par bénéfice d'inventaire. Conformément au désir, que nous avons vu exprimé par Guillaume du Bellay ; dans son testament, la fille aînée de Martin, Marie du Bellay, s'était mariée avec un du Bellay, René, baron de la Lande, fils aîné de Jacques du Bellay, seigneur dudit lieu, baron de Touarcé, etc., et neveu d'Eustache du

(1) René du Bellay fut évêque du Mans de 1535 à 1546. Son frère le cardinal le remplaça dans la chaire de Saint-Julien et y fut remplacé lui-même en 1546, un an après son testament et trois ans avant sa mort, par Charles d'Angennes. (Voir Dom Piolin).

Bellay, seigneur du Bellay et du Boisthibault, et évêque de Paris (1).

Il est évident que l'estime naturelle qui avait animé l'esprit de Guillaume pour le nom du Bellay, anima semblablement le Cardinal et détermina ses préférences en faveur de sa nièce, femme du neveu de l'évêque Eustache. Par un acte entre vifs du 10 avril 1553, ce prélat avait reçu en don, du cardinal son cousin, *tous ses propres et acquetz.* Deux jours après Eustache y renonçait pour en faire *cession et transport* à Martin du Bellay, sieur de Langey, père des demoiselles qui furent si avantagées dans le testament de 1555. A la mort du cardinal, fin de 1559, Louise du Bellay, sa sœur, et Claude ou Claudine de Gravy, dame de Maillé Brezé, fille de Renée du Bellay, autre sœur, prétendirent qu'Eustache n'avait pas à les troubler dans les affaires de la succession universelle de leur lignée ; qu'il ne pouvait exciper d'une donation à laquelle il avait renoncé ; et qu'enfin il n'avait pu donner au sieur de Langey des biens dont il n'avait point pris possession : elles procédèrent contre lui, réclamèrent *chacune un tiers des meubles et acquietz du feu cardinal* et s'en firent *décerner sentence à leur proufict* aux Requestes du Palais à Paris, le 22 janvier 1560. La même chambre des Requestes ne tarda point à être saisie d'une *complaincte* de la part de l'évêque de Paris contre ce jugement, en même temps que René du Bellay, baron de la Lande, *se mit en instance* auprès du Parlement de Rouen, prétendant à tous *les meubles et acquiets* du cardinal en vertu de son testament de 1555. Nous verrons ci-après l'un des héritiers déboutés, nommé messire Jacques de Goué, seigneur dudit lieu et de Fougerolles au Bas-Maine, gendre de Marie du Bellay, faire le voyage de Rome, et solliciter, même obtenir, l'annulation de cet acte important (1562-1564). Mais la matière, nonobstant, parut tellement délicate, que les

____

(1) Eustache était frère aîné du baron de Touarcé.

24

instances commencées continuèrent leur cours et qu'il
y eut trois sentences solennelles, l'une provisoire et sus-
pensive en 1569, la seconde entièrement favorable aux
du Bellay, mais non acceptée par leurs adversaires en
1574, à Rouen, et que le procès ne prit fin qu'en 1577, à
Paris, par un accommodement à l'amiable entièrement
contraire aux prétentions des familles de Goué et de
Maillé Brezé.

Après ces données sur l'origine de la fortune de Jean
du Bellay et ce léger aperçu d'ensemble sur le procès
qu'elle occasionna, les détails sur l'état de ses meubles et
immeubles et sur le personnel de sa famille intéresseront
davantage.

Sur ses meubles il n'y a rien à dire ici ; nous renvoyons
simplement à ce qui suivra.

Ses biens immeubles sont répartis en trois catégories
dans l'arrêt de la cour du Parlement de Rouen, du 23
juin 1574 (1) :

« 1º Ses terres, fiefs, seigneuries, lieux et héritages de
Langey, moulin de Claye, moulins et appartenances des
rivières de Claye depuis le pont dudit Claye jusques au
Gué de Flacé, douze arpens de pré appelez les prez de
Langey sur la rivière du Loir et deux arpens et demi de
pré sur ladite rivière, les tailles et vignes appelés les
taillis et vignes de Langez près de Claye, la Regnardière,
la Limardière, le lieu, fief et seigneurie de Marigny, paroisse du Plessis-Dorin, les fiefs, terres et seigneurie de
la Fueillée paroisse d'Oigny, la Noue Pellegouau, une
maison assise dans la ville de Vendosme, appelée la
maison de Langey et deux moulins appelez les moulins
de la Grève, autrement les moulins le Conte, la seigneurie de la Salle de Viellepont, les métairies de la Bergerie,
de la Viollerie, de la Bretonnière, de la Herbudière, le

____

(1) Il y avait de ces biens qui n'étaient pas au Cardinal mais à
la succession saisie du célèbre Langey ; toutefois, comme ils
furent conservés à la famille par l'industrie du Cardinal, il est
légitime de lui en faire l'honneur.

moulin du Nannet, la terre et seigneurie de Boisbinet paroisse de Saint-Avit, les terres de Mainneuf paroisse de Meilleray et de la Choppinière paroisse du Plessis-Dorain, les terres et seigneuries de Boisfry et de Cloye, la Josselinière, Vallet sur Benant, la maison de la Boissière, paroisse de Villiers, la Giraudière et la Ferté.

« 2° Les terres du Boulay, Bonrepos, la Preslière, les droits à la Grande Haye et au bourg de Claye acquis par le défunt cardinal du Bellay et les Paludes Pontines.

« 3° La terre de Glatigny, la Rivière, le Poirier, la Foucauldière, la Hardouinière, Lestrevertu, la Borde, le Tertre, le moulin de Glatigny. »

De tous les frères du cardinal, Martin du Bellay seul (1), laissait postérité, savoir les trois filles mentionnées au testament : Marie l'aînée ; la seconde nommée Catherine, fut la seconde femme de Charles de Beaumanoir, baron de Lavardin, qui périt à la Saint-Barthélemy ; Jeanne, la troisième, mourut sans alliance au cours du procès.

Louise du Bellay, seconde héritière, épousa Charles d'Aulnay, chevalier des ordres du roi, baron de Villeneuve la Guyard (2), dont elle n'eut pas moins de quatre enfants, Jacques, Charlotte, Renée et Gabrielle : celle-ci, mariée à Jacques de Goué, seigneur de Goué et de Fougerolles, en eut trois fils et deux filles, Jean de Goué, seigneur de Fougerolles, Charles, seigneur de Nantreil, puis de Villeneuve, Ambroise, seigneur d'Audray (3),

(1) Mort le 9 mars 1559, peu de jours après le cardinal.
(2) Au pays de Gastines : Ile de France.
(3) Audray en Beaulieu, relevait du château de Montjean. Il était venu aux de Goué du chef de Mathurine du Boisgamas grand mère de Jacques. Les de Goué jouissaient d'une très haute position : Patrice avait épousé en 1497, Michelle de Laval, dame héritière de Fougerolles ; l'ayant perdue il acheta cette terre de Sanglier de Boisrogues, son beau-frère et se remaria à Ambroise d'Anthenaise, dont Jacques seigneur de Goué. Un frère de Patrice, fils comme lui de Mathurine du Boisgamas, Jean de Goué, seigneur du Pontaubrée, eut de Jeanne du Mégaudais son épouse, un fils dont les rejetons vivent de nos jours en Vendée. Joseph

Renée, femme d'Yves de Pontavice (1), Anne, qui épousa Louis de Guierlay, puis Maurice de la Hautonnière. Renée d'Aulnay, sœur aînée de Gabrielle, du vivant de son mari Jacques de la Ferrière, seigneur de Vautorte et baron de Bulou, chevalier des ordres du roi, entra au monastère d'Estival en Charnie et en devint abbesse (2).

La seconde sœur du cardinal, Renée du Bellay, épousa Ambroise de Gravy, baron de Cousteaux, qui possédait du chef de sa mère, Thieurine de Montécler, la seigneurie du Boisgamas en Avesnières. Cette Thieurine de Montécler, fille de Louis, seigneur de Montécler et de Jeanne du Boisgamas, fille elle-même d'un chevalier de renom dans son temps, Guillaume du Boisgamas, seigneur dudit lieu et de Guillemette d'Yvoy, dame de Montaudin, n'avait laissé que ce fils de Thibault de Gravy, baron de Cousteaux. Claude de Gravy, fille unique d'Ambroise et de Renée du Bellay, épousa Arthus de Maillé, chevalier des ordres du roi, capitaine de ses gardes, seigneur de Brezé, qui eut la tutelle et garde noble des deux enfants que lui laissa Claude de Gravy, morte en 1570 ; il y avait un fils et une fille : les Condé, puis les d'Orléans descendent du fils, Claude de Maillé, baron de Milly (3) ; Jeanne de Maillé, sa sœur, fut mariée à Jean baron de Sansac,

de Goué, l'un deux, lieutenant au 2me de zouaves, blessé mortellement à Frœscheviller, le 6 août 1870, est mort à Wœrth, le 20 septembre : sa mère, huit frères, quatre sœurs et de nombreux cousins lui survivent.

(1) Aïeux de tous les Pontavice.

(2) Elle laissait au monde un fils et deux filles, René de la Ferrière, chevalier, bailli et capitaine de Chartres, Anne non mariée, Françoise femme de noble homme Gabriel de Saint Bosmer : tous les trois vendirent Vautorte en 1575 à Jean Caset, sieur de la Cordellerie.

(3) Il avait le Boisgamas dans ses nombreuses seigneuries : Morice Le Tessier, curé d'Avesnières, certifie à l'évêché du Mans, le 6 février 1577, *qu'il n'y a point de nobles dans sa paroisse mais que noble homme messire Claude de Maillé, escuyer, est seigneur de la seigneurie du Boisgamalz, bon catholique et bien vivant.* (Archives de la Sarthe). Boisgamas fut vendu peu d'années après à un Lefebvre de la Falluere. *(Généalogie de Quatrebarbes).*

capitaine de la porte du roi et premier gentilhomme de sa fauconnerie.

On ne trouve, dans aucune de leurs pièces de procédure, les raisons pour lesquelles les parents du feu cardinal demeurèrent deux ans entiers sans se préoccuper ni des biens qu'il avait laissés en Italie, ni de son testament resté dans la ville de Rome. Mais il paraît constant qu'ils ne se mirent en action à cet égard, sous l'influence du jugement du 22 janvier 1560, qu'après la liquidation de leurs affaires de France ; que les du Bellay en ce moment dociles, soit par ignorance du testament, soit par défaut de confiance dans sa solidité, s'abandonnèrent à la merci de leurs adversaires pour le partage des meubles et acquisitions ; enfin que ceux-ci, les de Maillé et de Goué, représentés par haut et puissant messire Jacques, seigneur de Goué et de Fougerolles, n'eurent aucune difficulté pour recueillir tant en France qu'en Italie ces mêmes biens, ni pour faire casser à Rome le testament du feu cardinal en 1562.

Monsieur de Goué recueillit en France, au cours de 1560 et années suivantes, des sommes importantes : ainsi de Mᵉ Thomas Gouaud, fermier de l'évêché du Mans, la somme de 650 livres tournois ; de Mᵉ Julien Doyneau, fermier de Fontaine-Daniel, 1.100 livres tournois (1); de messire Jacques du Bellay, les deux tiers de la somme de 2.239 livres pour la vente que celui-ci avait faite des bois de Thyron ; du même 100 livres tournois, arrérages de *rentes deuz a levesché de Paris, dont il y avait eu plusieurs saisies faictes aux terres du Boysthibault et la Pallu et autres appartenans audict sieur Jacques du Bellay* (2); de Jehan Boucher, fermier de Thiron et de monsieur le cardinal de Guyse, pour du vin *prins a Pon-*

---

(1) Le cardinal du Bellay avait eu l'abbaye de Fontaine-Daniel en Saint-Georges-Buttavent.

(2) Jacques du Bellay, seigneur du Boisthibault, après son frère Eustache, était le père du baron de la Lande.

tigny 200 livres tournois; pour un compromis entre les héritiers du feu cardinal du Bellay en son vivant abbé des abbayes de Pontigny et de Thiron, d'une part et messire Alphonse de Vercelly, au nom et comme grand vicaire et procureur général de monsieur le révérendissime cardinal de Ferrare, à présent abbé de ladite abbaye de Pontigny et naguère dudit Thiron (1), 2.500 livres tournois.

Messire Jacques de Goué partit ensuite pour Rome, muni des procurations de sa belle-mère Louise du Bellay et de Claude de Gravy, sa cousine germaine. Ce seigneur connaissait l'Italie pour en avoir fait les campagnes laborieuses dans les troupes de Martin du Bellay son oncle, en qualité de guidon de cinquante hommes d'armes de sa compagnie. Arrivé à Rome vers le milieu de l'année 1562, il y séjourna l'espace de vingt-deux mois, et, après avoir réussi merveilleusement, revint à Paris se faire décharger de sa double procuration par acte passé à la Prévôté de cette ville le 2 septembre 1564. L'acte de sa démission, rédigé avec soin et parfaitement écrit sur un cahier du plus beau parchemin, donne sur la mission du sire de Goué des détails circonstanciés d'un véritable intérêt:

« Disoit ledict de Goue que pour faire casser et declairer nul certain testament pretendu avoir este faict par ledict deffunct seigneur cardinal en faveur de damoiselles Jehanne Marie et Catherine du Bellay filles de feu messire Martin du Bellay seigneur de Langey aussi heritieres pour une tierce partie dudict feu seigneur cardinal il seroit alle a la priere et requeste tant de ladicte dame Claude de Gravy femme de messire Arthus de Maille auctorisee par justice au refuz dudict seigneur de Breze

(1) Louis d'Este, fils d'Hercule II, duc de Ferrare et deRenée de France, nommé cardinal en 1560. Voir dans Moreri le bel éloge de cet abbé de Tyron. Nos titres de Goué lui donnent, pour successeur à Tyron, Charles de Ronsard.

que de damoyselle Loyse du Bellay dame de Villeneuve la Guyart sœur et aussy heritiere dudict feu seigneur le cardinal a Romme ou il auroit sejourne par vingt et deux moys et faict declairer ledict testament nul par quatre sentences conformes ensemble obtenu plusieurs (1) contre les Gotifredis de Romme pretendans avoir faict quelques meliorations sur les Paludes Pontines appartenans audict feu seigneur cardinal Ensemble sont plusieurs comunitez et aultres prétendans en lad succession a quoy il auroit este contrainct pour la conservation dicelle heredite faire de grandz fraiz et nourry plusieurs personnes et ayant lad dame (de Gravy) baille procuration speciale audict de Goue pour vendre tout ce qui pouvoit appartenir a lad dame audict Romme et pais ditalye auroit icelluy seigr de Goue en vertu de lad procuration vendu le tiers appartenant a lad dame audictes Palludes Pontines ensemble par vertu de pareille procuration auroit vendu ung aultre tiers appartenant a ladicte Loyse du Bellay au cappitaine Martin de Martinis gentilhomme florentin pour le prix et somme de vingt six mil livres comme appert par le contract sur ce faict et passé aud Romme le treiziesme juillet cinq cens soixante deux sur et tant moins duquel pris auroit este deduict audict cappitaine Martin la somme de sept mil quatre cens livres quil auroit preste audict sieur de Goue auparavant ladicte vendition pour employer aux affaires communes de ladicte dame et de lad du Bellay Et le mesme jour par aultre contract passé entre ledict de Goue et ledict cappitaine Martin auroit iceluy cappitaine Martin associe en la moictié de ladicte acquisition ledict de Goue qui est d'une tierce partie desdictes Palludes et en ce faisant se seroit obligé ledict de Goue contribuer avec ledict cappitaine Martin au prix de ladicte vendityon et le rembourser de la moictié de ladicte somme de sept mil quatre cens livres laquelle dicte association auroit este expressement stipullee et contractee par

(1) Sentences.

ledict de Goue pour sauvegarder et conserver ladicte
tierce partie a ladicte dame et pour quelle ne fust decre-
tee et pour la remettre entre ses mains toutes fois et
quantes quelle len requerroit A ceste cause est recongnois-
sant ledict sieur de Goue que ladicte vendition par luy
faicte lad dame de Breze nauroit encores touche aulcun
denier a icelluy transporte... par ces presentes a icelle
dame de Breze ce acceptant tous les droicts noms raisons
actions qui luy peuvent competer et appartenir tant a
lencontre dud de Martinis que aultre Pour raison dud tiers
veult et consent que lad dame soit subrogée du tout en
son lieu... pour joyr doresnavant dud tiers et en prendre
les fruicts proufictz et esmolumens.... »

Notre parchemin rapporte ensuite l'état des recettes
et dépenses que le sire de Goué eut a établir dans ses
comptes :

« Ledict de Goue a recongnu et confesse avoir receu
pour et au nom de ladicte dame les sommes cy après
declairees quil auroit employe a la poursuite desdictes
affaires.

« Cest assavoir de Thomas Gouaud fermier du revenu
de levesche du Mans la somme de quatre cens livres
tournois.

« De damoiselle Jacqueline Rebours pour partie des
quinctz et requinctz de la terre de Chennevieres la somme de cinq cens livres.

« Du substitut du notaire de Chesya par accord faict
avec luy par ledict de Goue pour la falsite dudict testament la somme de quatre cens escuz et unze julles pour
escu vallantz monnoie de Romme huict cens quatre vingtz
livres.

« Des fruicts des dictes Palludes cuilliz en lan mil
cinq cens soixante par commandement et ordonnance du
pape six cens quarante livres.

« Des fruicts desdictes Palludes pour l'annee cinq cens
soixante ung quatre cens quarante deux livres.

« De Baldiny banquier a Romme la somme de quatre

cens quarante livres pour le chappeau dudict deffunct seigneur cardinal.

« De la vente de plusieurs antiquailles de marbre la somme de quatre cens livres.

« Quatre cens escuz provenans de la vente de quelques medalles qui estoient a Romme delaissees par le trespas dudict deffunct sieur le cardinal et encore quelques meubles et fruicts des Palludes (1) »

Ainsi le seigneur de Goué fit à Rome un recouvrement d'au moins trente mille cinq cent quatre vingt deux livres sans compter *la sentance et taxe des despens faite par l'auditeur de la Chambre a Romme de la somme de mille escus d'or de despens taxez a lencontre desdictes damoiselles Marie Jehanne et Catherine du Bellay pour et au proufict desdictes dames de Gravy et Louise du Bellay laquelle sentance fut conservee en l'office de Fabrice Gallet a Romme et la somme de deux mille trois cens escuz de laccord faict avec le procureur desd damoiselles Marie Catherine et Jehanne du Bellay pour le paiement de leur tiers de fraiz communs faits en lad heredite a lencontre des estrangiers accord passe a Romme le 13 juillet 1562 en l'office dudict Gallet.*

Louise du Bellay mourut en 1570, sans avoir pu jouir de sa part d'héritage tant à cause des troubles de famille que de la donation volontaire qu'elle avait faite en la *Prévosté* de Paris dès le 26 octobre 1562, *de la moitié de tout son droit successif tant mobilier qu'immobilier* a elle *escheu par le decez et succession de feu monseigneur le reverendissime Jehan Cardinal du Bellay son frere a Jehan de Goue escuyer* son petit fils. C'était à cause de la *bonne* et *vraye amour naturelle* qu'elle avait pour lui, aussi *a ce quil aye mieulx de quoy vivre et sentretenir aux armes et que tel estait le bon plaisir de ladicte damoyselle Loyse du Bellay dainsy faire.*

---

(1) Cet alinéa se trouve dans une autre pièce.

Jean de Goué absent avait accepté par procureur ; mais le 16 septembre 1570, il accepta personnellement et donna sa signature : ces actes sont écrits sur un cahier en fort beau parchemin ; la signature de Jean de Goué, en écriture droite et semi-royale, est très belle.

Jean de Goué, seigneur de Fougerolles, supplia ses parents de favoriser son alliance avec une demoiselle de la paroisse d'Escouché en Normandie, nommée Suzanne de Villers, d'une famille très noble et très riche, mais protestante ; ce ne fut pas sans difficultés que le jeune et ambitieux écuyer surmonta leur opposition, particulièrement celle de sa mère, qui ne consentit qu'après le contrat, sur les instances de son mari. Ce fut le 16 juin 1568 qu'on *traicta que le mariage* serait *faict Dieu aydant en lesglize du filz de Dieu notre Seigneur Jesuscrist.* Jean ne fut pas heureux : entraîné dans l'erreur de la Religion prétendue Réformée, il s'y avança, mais fut tué à Paris dans la nuit de la Saint-Barthélemy, 24 août 1572, *aux pieds de l'Amiral de Coligny étant lieutenant de sa compagnie des gendarmes* (1)

(1) *Généalogie manuscrite de la maison de Goué.*

IV

Suite et fin du procès : extrait d'un compte de tutelle.

Suzanne de Villers, à l'époque de la mort de son mari, était enceinte d'une fille qui naquit dame de Goué et de Fougerolles et qui vécut vingt ans. Elle se nommait Jeanne de Goué, ne fut pas mariée, et fut élevée tantôt chez sa mère au château de Nantray (1), tantôt à Goué chez sa grand' mère et ses oncles, et aussi dans l'abbaye d'Estival sous l'œil de sa tante, l'abbesse Renée d'Aunay. Sa mère, protestante zélée, remariée à l'un des plus grands seigneurs de l'armée d'Henri IV, Jean de Fontaines, avait toujours tendu à l'élever dans sa religion et même elle fit des efforts, quand elle fut nubile, pour la marier au fils aîné de son mari. Jacques de Goué, le grand père, n'avait guère qualité pour préserver la jeune fille de l'hérésie, car ébranlé lui-même, sans doute par la mort funeste de son fils, ou séduit dès avant ce temps là par les brillantes qualités de celui-ci qui aimait son père, il embrassa la Religion Réformée, et même on crut (2), mais à tort qu'il était mort protestant. Après lui, la tutelle de Jeanne fut dévolue à Charles de Goué, seigneur de Villeneuve, qui s'en désista bientôt, puis à Ambroise de Goué, seigneur d'Audray, tous les deux frères de feu Jean de Goué, mais catholiques sincères et ardents. Voici le témoignage que

(1) En Heussé, paroisse de Normandie, qui touche Fougerolles.

(2) Titre du 9 mars 1577, signé Lambert : c'était le lieutenant du bailly de Cotentin. Jacques, cependant se convertit au dernier moment comme le témoigne son testament et fut inhumé avec ses ancêtres dans l'église de Fougerolles.

rendait à l'Evêché du Mans le 5 février 1577, des habitants du château de Goué, le vicaire de Fougerolles, messire Henri Guilloux : « noble dame Gabrielle d'Aulnay, dame de Goue et Fougerolles et Villeneuve la Guyard au pays de France, et son fils puisne nomme Ambroys de Goué, sieur d'Audray, residant au manoir seigneurial dudit Goue, vivants catholiquement, gens pacifiques, immitateurs des commandements de Dieu et son eglise reprimant toutes personnes errantes » (Archives de la Sarthe). On ne saurait plus s'étonner que monsieur d'Audray avec ce caractère et son dévouement pour sa nièce qui ne se démentit jamais, ait obtenu pour elle de tous les membres du conseil de famille, l'avis de l'élever dans la religion catholique et de la confier à l'abbesse d'Estival (1).

Dans un volumineux et très intéressant livre manuscrit, qui est le compte-rendu de sa tutelle, le seigneur d'Audray a laissé le détail des frais qu'il eut à faire pour terminer le procès du Bellay au plus grand avantage de la jeune dame de Fougerolles, sa nièce et pupille. Nous ne croyons point qu'il y ait mieux à faire pour terminer l'histoire du procès que de donner le texte même de ce compte, curieux à plusieurs titres.

« Compte que noble Ambroys de Goue seigneur dAuldray et dIvoy curateur general de damoyselle Jeanne de Goue myneure dans fille unicque de deffunct noble Jean de Goue vivant sieur de Foulgerolles et de damoyselle Suzanne de Villers et par representation dudict deffunct Jean heritiere pour les deux parts de deffunct noble messire Jacques de Goue vivant chevalier de lordre du roy et

____

(1) Membres de ce Conseil : Charles de Goué, seigneur de Villeneuve la Guyard, Jean de Goué, seigneur de Clivoy, Germain d'Anthenaise, seigneur d'Anthenaise et de la Tannière, gouverneur de Fougères, Léon de la Haie de Saint-Hilaire, Maurice de la Hautonnière, seigneur du Bas-Plessis en Fougerolles. Un seul était protestant, le sieur de Clivoy, suivant les Archives de la Sarthe ; les autres n'avaient jamais eu _repréhension erronnée._

seigneur dudict lieu et deffuncte Gabrielle dAulnay (1)...

« Et premier faict entendre que ledict Jean de Goue père de lad myneure auroit predecede ses pere et mere et seroit mort en l'an mil v cent soixante et douze par la mort duquel l'administration et garde de ladicte myneure seroit demeure aud Jacques de Goue qui auroit avec la mere delle manye ce peu qui auroit este baille audict deffunct par avancement ainsi que bon leur auroit semble.

« Deceds dud Jacques de Goue qui fut en mil v cent soixante et quatorze apres lequel lad de Villers princt qualite de bail et tutrice naturelle de sa fille.

« Accord entre les deux dames de Goue lad de Villers abandonna la garde noble de sa fille et le vingt troys decembre Ambroyse de Goue fut institue curateur general de lad myneure 1575.

«... Faut considerer ql y avoit un proces entre messire Rene du Bellay sieur de la Lande et ses consorts en la court de Parlement a Rouen contre deffunct messire Jacques de Goue (2) et ses consors pour la succession de deffunct monsr le cardinal du Bellay sur lequel proces fust le vingt et troisiesme de juign mil cinq cent soixante et quatorze donne arrest au proffict dudict messire Rene du Bellay par lequel led deffunct sieur de Goué et consors furent desbouttez de lad succession et condampnez es despens dont le contable (Ambroise de Goué) fut adverty par Arondel procureur en parlement de Rouen.

« En execution duquel arrest lad damme de Goue lad de Villers et les autres enfants dud deffunct de Goue furent adjournez en Parlement pour prendre ou delaisser le proces ou ils firent declaration quils nentendoient iceluy reprendre au moyen de quoy fut par autre arrest decerne

(1) Gabrielle d'Aulnay mourut en 1583 ; Jeanne de Goué ne mourut qu'en 1592 ; le compte d'Ambroise de Goué est de 1575 à 1592.

(2) Débouté à Rouen le 23 juin 1574, était mort quelques jours auparavant ; son testament, en présence de deux prêtres de Fougerolles, est du 6 mai de la même année.

acte a toutes les partyes de leurs declarations et ordonne que le contable iroit en la qualité fere declaration... prester le serment de fidelite dont le contable adverty par missive signee Arondel en date du 12⁰ de may 1576 depesche ung nomme Jean Falentin quil envoist expres a Rouen environ le mois de juign 1576 lequel estant arryve par advis de conseil presente requeste a la court au nom du contable affin davoir convocquation des pieczes du proces pour deliberer sur la response ou delaye comme appert par les ordonnances de lad court des premiers et quart jour du mois de juign pour l'effect duquel voyaige il fut environ de troys sepmaines tant allant venant que cejournant et de cheval pour quoy demande led contable pour le viaticque dud Fallentin luy estre alloue la somme de seize escus...(1)

« Et pour ce que led Fallentin ne pouvoit faire les diligences necessaires qu'il falloit au recoupvrement des pieczes et que la presence du contable y estoit necessaire led Arondel envoist autre missive aud contable par laquelle il luy escript que monsieur du Vivier qui avoit ete conseil en la cause estoit dadvis que le contable fayst un voyaige sil vouloyt exempter plusieurs grands fraiz qui se voulloyent preparer sur la myneure a raison de quoy le contable fut necessite de faire un voyaige aud parlement de Rouen ou il arriva le 18 de juign et fist telle diligence quil faict visiter tous les scacs et sur iceulx faict consultation signee Heudes du Vivier au procedant laquel il luy fallut estre par troys jours avec son procureur et le procureur des parties adverses pour evangeliser les sacs sur les inventaires dont son procureur demeuroit chargé a chacun desquelz jours luy cousta a chacun deulz escuz qui seroyt pour les troys jours douze escuz.

« Et par quatre autres jours consecutifs assembla les consailz qui furent chacun coup depuys midi jusques a

(1) Plus 15 ecus pour les sallaires de Fallentin et Arondel et les frais des requestes.

cinq heures pour quoy faire leur bailla pour leur sallaire a chacun huict escuz.

« Oultre laissa procuration pour faire ce qui estoit necessaire avec quatre escuz ql bailla a son procureur pour remettre les sacz entre les mains du greffe et assister a levangelisation diceulx.

« Aussi paya l'occupation de la chambre des consultations pour laquelle il bailla pour tous les voyaiges quarante sols.

« Plus pour l'assistance d'un clerc a puncter les piecez et les poinctz resolutifs vingt et cinq sols.

« Pour le sallayre au greffier davoyr delivre l'arrest qui fust donne contre led deffunct de Goue le 23 juign 1574 deux escuz dix sols.

« Pour le sallayre des tabellions qui firent la declaration vingt et ung soulz.

« Pour le viaticque et vacquation du contable de deux chevaulx et ung lacques par le temps de quinze jours tant allant venant cejournant que retournant vingt et cinq escuz.

« Et pour ce que la fin de la consultation tendait a evocquer la cause en la chambre my-partye suyvant ledict fust a ceste fin presente requeste civile sur laquelle et les gens du roy ouys fut donne autre arest par lequel ledict contable fut deboutté de levocquation et ordonne que pour toutes presixions le contable dedens troys jours feroyt declaration sur la reprinze ou delaye du proces et voyant le contable le danger ou pouvoyt tomber sa myneure aud parlement de Rouen fust par la faveur des adverses partyes ou autrement il soy delibere suyvant ladvis dung nomme Me Jehan Lanbert bailly de Saint Sauveur et lieutenant general du bailly de Quotentin homme fort expert et suyvant la trace de messieurs de Sansac et de Breze qui estoyent consorts en la cause dicelle evocquee comme appert par missive signee Lambert en dabte du neufviesme de novembre mil cinq cents soixante et saize et a ceste fin luy envoyst led Lambert lestres du conseil prive en vertu desquelles il faict donner assignation a monsieur et madame du· Bellay et madamoyselle de Lavardin pour quoy faire il envoya led Fallentin expres de cheval jusques aux maisons de Lavardin et du Plessis Mace pour quoy faire led Fallentin vacqua par le temps de dix jours ou viron tant allant cejournant que retournant pour quoy demande estre rembourse pour ses vacquation et viaticque de la somme de vingt livres et troys escuz pour le sallayre des sergents de pareille somme pour le sallaire dudict Falentin qui seroit trente et huict livres.

« Et ayant le contable este informe que lesd seigneurs de Milly et de Sansac auroient este deboutez des lettres devocquation comme appert par lettres expediees sur les regestres des requestes de lostel du roy signes Martin en dabte du neuviesme de mars mil cinq cent soixante et dix sept le contable fut contrainct se transporter au pays dAnjou par devers le seignenr et dame du Bellay pour scavoir sil voulloyent entendre quelque expedient daccord et les ayant trouve en volonte dy entendre ils convindrent de se trouver a la Saint-Martin a Pariis.

« Auquel voyaige d'Anjou le contable fut par le temps de six jours avec deux chevaulx et ung lacques pour quoy demande luy estre alloue la somme de unze escus.

« Et pour tascher a mettre fin audict proces se transporte a Pariis ou il arryva a la Saint-Martin qui estoit le temps convenu ou illec estant arryve faict consultation signee Chauvelyn Pasquier et Chauvelyn le jeune sur led proces pour les fraiz de laquelle luy cousta six escuz.

« Puis faict accord led sieur du Bellay par ladvis verbal de messieurs de Vace du Pied Gallard et baron de Meignac et des sieurs de Breze de Sansac qui avoyent pareil interestz que la myneure selon les conditions portées en lad transaction du mardy dix septiesme jour de décembre mil cinq cent soixante dix sept.

« Pour le sallaire et cousts des notaires qui redigerent par escript la transaction en quartes separees lune contenant seize rolles de vellin et l'autre deux roolles cinq escuz.

« Pour le viaticque et vacation du voyaige du contable avec deulx chevaulx et un lacques qui fut par le temps de deulx moys tant allant venant que sejournant quatre vingtz escuz.

« Pour le merc des escriptures au siege de Mayenne contenant mandement devocquer les parents de la myneure pour donner leur advis sur la forme de la transaction six soulz.

« Pour le sallaire de monsieur le juge de Mayenne cinq soulz.

« Pour le conseil qui a iceluy nomme dix soulz.

« Pour le sallaire du voyaige dud contable destre alle expres delivrer led mandement quatre escuz.

« Pour escripture de l'acte expedie au siege de Mayne le trentiesme doctobre lan mil cinq centz soixante dix sept le juge en teste signe Menard Caset Petit et Cherot contenant lassembles et deliberation des parents pour mettre fin aud proces quatre souds.

« Pour le sallaire et assistance de monsieur le juge deulz escuz.

« Pour le voyaige du contable accompaigné comme dessus quatre escuz.

« Pour le merc et escripture dud autre acte expedie aud siege le vingt et deuxiesme de janvyer mil cinq cents soixante et dix huict contenant autre assemblée de parents ausquelz fut faict lecture de laccord cy dessus tous lesquelz declarerent quilz lavoyent agreable ainsy mesme quil appert en outre par missives signes Daulnay Dubellay et aultres attaches avec led acte deulx soulz.

« Pour le conseil quinze soulz.

« Pour le voyaige dud contable accompaigne comme dessus quatre escuz.

« Pour la peine et vacation des meseigers qui sont allez inthimez et assignez les parents et touttes les deulx assignations trois escuz.

« Plus pour une consultation signee Versoris (1) Chauvyn et Lambert faicte a Pariis le vingt et troisiesme de septembre soixante et dix huict sur ce que le seigneur du Bellay voulloyt retracter laccord et y fere employer quelques causes qu'il disoyt avoir este obmises cinq escuz.

« Pour les fraiz davoir envoye fere fere la consultation et icelle rendre cinquante soudz. »

L'accord se fit le 17 décembre 1577, à Paris, par transaction passée devant les notaires Franquetot et Croiset : Les du Bellay rentrèrent dans tous les droits que leur avaient donnés, d'une part Eustache du Bellay, donataire des immeubles du cardinal Jean, et d'autre part le cardinal lui-même par son testament passé à Rome le 15 mai 1555. Toutefois les autres héritiers furent laissés en possession de tous les biens qu'ils avaient recueillis jusqu'alors, pour les dédommager des grandes dépenses qu'il avait fallu supporter pour recueillir la succession en France et en Italie, et pour couvrir les frais du jugement de Rouen de 1574, qui fut maintenu. Toutes les instances contre furent à tout jamais assoupies et la querelle éteinte. (2)

---

(1) Versoris était le surnom d'un jurisconsulte distingué, partisan des jésuites sous Henri IV, contre Pasquier : Son vrai nom était Letourneux, d'une famille noble de Normandie (Voir Ménage : *Vita Ærodii*, p. 515), fixée depuis en Anjou.

(2) Cette transaction, passée à la Prévôté de Paris, est un beau cahier en parchemin.

V

Pièces du procès : analyses, testament du Cardinal,
lettres de Marie du Bellay, de Germain d'Anthenaise, de Renée d'Aunay abbesse d'Estival, consultation des Chauvelin et de Pasquier.

1°   13 Nov. 1542

Testament de Guillaume du Bellay. C'est une copie
sur un cahier en papier, contemporaine du procès et non
signée par le notaire copiste. On lit au dos deux suscrip-
tions. La première : *Coppye du testament de monsr de
Langey 13 nov. 1542.* La seconde rangée en travers est
une adresse postale : *Monsieur Monsieur du Fourny,*
indication que cette pièce fut envoyée comme intéressante
par M. de Baugy, seigneur de Goué, à Honoré Caille du
Fourny son beau-père, auditeur de la Chambre des comptes à Paris, mort en 1731, familier du Père Anselme,
correcteur et rééditeur de son important ouvrage, *Hist.
Gén. et Chronol. de la Maison de France et des Grands
Officiers de la Couronne* (1674, 1712).

2°   24 sept. 1545

« Acte en court royal du Mans par devant Michel Godefroy notaire en la dite court, reçu et passe au chateau de
Thouvoye, par lequel, en faveur du mariage d'entre noble
homme Jacques de Goue, seigneur dudit lieu et de Fougerolles, et damoyselle Gabrielle dAunay, fille de noble
homme Charles dAunay, seigneur de Villeneuve la Guyard et de Pensefollie et de damoyselle Loyse du Bellay,
sa compaigne et espouse, *contract passe en la meme*

court le vingt du mesme mois, reverend pere en Dieu monseigneur Rêne du Bellay evesque du Mans oncle de ladicte damoyselle Gabrielle promet de payer aux futurs en son nom et au nom desd dAunay et du Bellay la somme de troys mil escuz sol dor ou monnoye savoir quinze cent livres tournois au jour des espousailles et le reste ensuite d'annee en annee cinq cents escuz sol payes par luy ou a son defaut par deux gentilshommes quil constitue a cet effet Eustache du Bellay grand archediacre de Paris et seigneur dud lieu du Bellay et Rene le Clerc seigneur de Juigne et de Verdelles et avec eux maistre Thomas Gouault l'un de ses fermiers en presence de nobles hommes Christofle Despinoye seigneur des Pastyz Jehan Leroy seigneur de la Bouchonniere et Jehan Ferrecoq seigneur de la Gilliere. » (Très joli parchemin, signé : Godefroy).

3°   15 mai 1555.

COPIE SUR PAPIER DE LA DONATION PAR TESTAMENT DU CARDINAL JEAN DU BELLAY A SES NIÈCES FILLES DE MARTIN DU BELLAY.

« *Copia presente donationis* »

« Die 15 Maij 1555 sede vacante per obitum Marcelli dum vixit pp ij.

« In nomine dni amen.

« Illustrissimus et Reverendissimus dns Joannes Bellaius sancte Romane ecclesie Episcopus portuensis cardinalis per gratiam omnipotentis dei sanus mente et corpore sciens se morti subjectum sponte et ex ejus certa scientia etc...

« ... Vigore quorumcumque indultorum et privilegiorum sibi de sede apostolica concessorum et aliis omnibus melioribus modo jure etc...

« Titulo donationis que de jure causa mortis nuncupatur salvis tamen semper infrascriptis, donavit, dedit etc.

« Illustrissime domne Marie filie primogenite illustris equitis Martini Bellay ad presens pro regis in provincia Normandie eius nepti *licet absenti* etc.

« Me notario etc.

« Omnia et singula eius bona mobilia etiam pretiosa et immobilia, jura, nomina, et actiones tam in urbe quam quibusvis aliis mundi partibus existentia et respective sibi quomodolibet et ex quavis causa competentia et quantum consuetudo loci ubi dicta bona reperiuntur sibi concedit et presertim valles seu palludes Pontinas nuncupatas sibi a strenuissima Regina Francie donatas et quovis alio titulo sibi concessas et quarum possessionem ut dixit apprehendit ita quidem ut dicta illustrissima Maria donataria eius neptis eiusque heredes etc., predicta bona ut prefertur donata una cum omnibus eorumdem pertinentiis post mortem illustrissimi et reverendissimi domni Joannis episcopi et cardinalis predicti donantis teneat habeat etc., et exinde quicquid voluerit faciat etc., sine alicuius contradictione.

« Item simili titulo donavit illustrissime Marie donatarie omnes eius actiones defentiones et jura reales personales utiles directas et mixtas et in rem scriptas ac realia personalia utilia directa et mixta et in rem scripta Eidem illustrissimo et reverendissimo domno Joanni episcopo et cardinali donanti in predictis bonis superius donatis et pro eis et eorum occasione adversus quamcumque personam et quamlibet rem et tam in rem quam in personam quomodolibet competentur et competitura constituens.

« Idem illustrissimus et reverendissimus domnus donans eumdem illustrissimam Mariam donatariam procuratricem ut in rem suam propriam ita quod sequuta morte predicti illustrissimi et reverendissimi donantis dicta illustrissima donataria, sic possit agere petere excipere replicare exercere experiri uti et se tueri et omnia et singula dicere et facere quemadmodum dictus illustrissimus et reverendissimus domnus donans poterat

aut posset et ut sequuta morte eiusdem illustrissimi et
reverendissimi cardinalis dicta illustrissima donataria
sua auctoritate possessionem et tenutam realem et cor-
poralem eorumdem bonorum ut supra donatorum capiat
etc.

« Constituens se interim ex nunc in illum tamen casum
et eventum mortis pro dicta illustrissima Maria donataria
et eius nomine predicta bona superius donata possidere
vel quasi voluitque et vult idem illustrissimus et reverendissimus cardinalis ut ex nunc prout ex tunc et e contra
sequuta morte ipsius illustrissimi et reverendissimi donantis dominium ipsorum bonorum ut supra donatorum ipso
jure ac pleno jure in eamdem illustrissimam donatariam
sit translatum et eadem bona fiant et acquirantur preno-
minate illustrissime domne donatarie in totum et eorumdem bonorum donatorum exactio et petitio dicte illustrissime donatarie pleno jure pertineant ponens eamdem
illustrissimam donatariam in omne jus et privilegium
suum etc.

« Cum onere tamen solvendi societatibus schole ger-
manice et annunciationis beate Marie summas et pres-
tationes annuas hodie vigore instituta per me rogatis
donatis ac etiam cum onere solvendi debita ipsius reverendissimi donantis...

« Voluitque insuper et ordinavit et mandavit predictus
illustrissimus et reverendissimus domnus donans quod in
eventum in quem prenominatus illustris eques Martinus
Bellayus ejusdem reverendissimi et illustrissimi frater
germanus haberet in futurum quandocumque filios mascu-
los legitimos et naturales tunc et eo casu donatio presens
non in favorem prenuntiate illustrissime Marie eiusdem
donantis neptis sed dictorum filiorum legitimorum et na-
turalium facta esse censeatur Et insuper voluit statuit
et ordinavit quod decedente eadem illustrissima domna
Maria donataria et neptis primogenita absque filiis seu
filiabus legitimis et naturalibus quod huic et eo casu
bona ut prefertur eidem donata ad filiam prefati Martini

Bellay secondo genitam deveniant ac etiam voluit et ordinavit quod in eventum in quem eadem secundo genita sic ut prefertur substituta decederet sine filiis vel filiabus legitimis et naturalibus quod tunc et. eo casu bona et res in presenti instrumento donata deveniant et devolvantur ad filiam eiusdem illustris equitis Martini tertio genitam vel ejus filios Et eiusdem illustrissimi et reverendissimi domni donantis etiam neptem que omnia prefatus illustrissimus et reverendissimus domnus donans fecit hac lege et conditione quod si contingat dictam illustrissimam domnam Mariam donatariam predecedere vel eumdem illustrissimum et reverendissimum cardinalem donantem penitere quod huic et eo casu presens donatio et in ea contenta quecumque sint et esse debeant et censeantur revocata penitus et annulata et in totum evanescant Et premissa omnia et singula idem illustrissimus domnus donans fecit voluit et mandavit non solummodo premisso sed etiam omni alio meliori modo et cum aliis clrs (1) in similibus apponi solitis et consuetis.

« Etiam ad consilium sapientis extendens dedit potestatem mihi notario extend presentibus eis domnis Silvestro Aldobrandino Pyrro Thero Remigio Donluci Carnotensis diocesis medico ejusdem reverendissimi ac Petro Concariet clerico suessionnensis secretario et Francisco Villa Nova clerico senogaliensis testibus.

« Acta fuerunt hec in civitate Leonina in burgo sancti Petri in palatio habitationis ejusdem reverendissimi et illustrissimi cardinalis presentibus quinque testibus ex quibus duo se subscripserunt et idem reverendissimus se subscripsit.

« Joes epus portuen cardinalis Bellaius Silvester Aldobrandinus advocatus consistorialis qui supra presens fui ideo subscripsi manu propria.

(1) Celebritatibus ?

46

« Ego Pyrrhus Tharus qui supra presens fui et subscripsi manu propria (1).

« Joannes Petrus Forteguerra clericus pistoriensis notarius in fidem rogatus.

« Die 29 7^{bris} 1567 Reverendus d Balthazar Tucius Pistoriensis et d Petrus Rivaldi rote notarius recognoverunt manum litteram et personam supradicti d Jo Petri Forteguerra jurarunt et Jo Franciscus Bucca de recognitione rogatus subscripsi.

« Ita invenio originalem iacere p remissas sive apostillas et dictam presentem recognitionem que pro te non aliter facta extitit nec alie manus sunt aliter recognite. »

4°   1er fév. 1559.

« ACTE DE PARTAGE EN LA COUR DE CHATEAURENARD, DE LA SUCCESSION DE MESSIRE CHARLES DAULNAY seigneur de Villeneuve la Guyard, Pensefollye et Marchais Beton, entre Jacques dAulnay son fils ainé et principal héritier, et Gabrielle dAulnay, épouse de Jacques de Goué, escuyer, seigneur dudit lieu et de Fougerolles, guydon de la compagnie du seigneur de la Mothe Gondryn, acquéreur de la part de noble homme Jacques de la Ferrière, seigneur de Bullou et de Renée dAulnay, son épouse. » Cette succession était ouverte dès 1556. (Cahier en beau parchemin.)

5°   Janv. et mai 1560.

QUATRE PIÈCES en parchemin « pour affaires entre Jacques de Goué, guydon de la compagnie du sgr de la Mothe-Gondryn et Jeanne Perdriel, défenderesse autorisée de son mari Jacques Daunay. »

---

(1) On lit en marge ces mots qui sont de la même main que tous ceux de la copie : *Iste sunt tres subscriptiones non recognite.*

6ᵉ   Dernier nov. 1561.

Factum mutilé, en papier, où il est dit, « que sur la demande de messire Jacques du Bellay, la cour de ~... avait condamné Louise du Bellay et Jacques de Goué respectivement aux dépens dommaiges et intérêts des procédures faites depuis la transaction du ...; que les dits Jacques du Bellay et Jacques de Goué se trouvaient en procès avec madame de Cruçolles pour les arrérages d'une rente de cent livres dues par elle à l'évêché de Paris; et qu'en ce qui concernait les deniers provenus de la vente des bois de Thyron, se montant à la somme de 2.239 livres 11 deniers tournois, messire Jacques du Bellay est condamné à payer à messire Jacques de Goué les deux tiers *d'icelle*, sans préjudice du procès pendant en lad. cour *pour raison de la donation prétendue avoir été faite par ledit cardinal du Bellay de ses meubles à ladite Marie du Bellay.* »

7ᵉ   26 oct. 1562.

Donation « passée devant Phelippes Cothereau et Jehan Augirard, notaires au Chastelet de Paris, par Louise du Bellay, veuve de Charles dAulnay, demeurant à Paris, rue de la Calendre, paroisse de S. Germain le Vieil, à Jean de Goué, son petit fils, fils de Jacques de Goué *guydon de la compagnie du sieur de Suzes*, de la moitié de tous les droits à elle échus par le décès de feu monseigneur et reverendissime cardinal du Bellay, son frère, quelque part que ce soit. » (Cahier en parchemin.)

8ᵉ   2 sept. 1564.

« Transaction entre Jacques de Goué et dames Louise du Bellay et Claude de Gravy, femme de M. de Maillé-Brezé, pour recueillir à Rome l'héritage du cardinal, et fin de lad. procuration, en la Prévoté de Paris, devant

Anthoine Duprat, chevalier, seigneur de Nantouillet. » (Cahier en très beau parchemin.)

9°   7 juin 1566.

« Sentence arbitrale entre les héritiers du cardinal du Bellay et messire Alphonse Vercelly, docteur es droictz, au nom et comme grand vicaire et procureur général de monseigneur le reverendissime cardinal de Ferrare. » Il y avait des demandes faites à Louise du Bellay par les religieux de Pontigny, dont le feu cardinal du Bellay avait été abbé. (Liasse de sept pièces : diverses époques.)

10°   15 juin 1568.

Convention par laquelle « Jean de Goué, *fils esnay* et principal héritier de Jacques de Goué et de Gabrielle d'Aulnay, consent *afin de pourvoir à son très grand bien advantage et advancement* en se mariant à damoiselle Suzanne de Villers, *ayant esgard aux grandes charges afferres et doibtes de sa mayson*, à ne rien réclamer durant la vie de ses père et mère, des quinze cents livres tournois de rente annuelle que son père se propose de lui donner dans le contrat de mariage, d'autant que son dit seigneur et père ne *vouldroyt pour bien* quelconque passer ni accorder le dit mariage ni le faire avoir agréable à sa dite dame et mère, en présence de messire Jehan de la Ferrière, chevalier, seigneur, baron de Vernie et Tessé et de nobles hommes Pierre de Montereulx, seigneur de la Vallée, et Julien Juhay, seigneur de Laumondière. » On voit au bas de cette convention la signature de Jehan de Goué et celles des témoins. (Feuille de papier.)

11°   15 juin 1568.

« Contrat devant Baucher et Leseneschal, tabellions du siége d'Escouché en la vicomté d'Argentan, « du *mariage qui sera faict dieu aydant en lesglize* (un mot effacé) *du filz de Dieu nostre seigneur Jesuscrist*, entre noble homme Jehan de Goué, filz aizné de hault et puissant seigneur messire Jacques de Goué, chevalier, seigneur dudit lieu de Goué, baron chastelain de Villeneuve-la-Guyard, Fougerolles, Nantrey, Toucheronde et Audray, et de dame Gabrielle Daunay, led. Jacques de Goué se faisant fort de sa femme, promettant lui faire ratifier et avoir pour agréable le present contract, d'une part, et d'autre part noble damoiselle Suzanne de Villers, fille puisnée de défunct hault et puissant seigneur messire Balthazar de Villers, en son vivant chevalier, seigneur de Hennezis, Seuray et Ferrieres, l'un des cent gentilshommes de la maison du roi et de Françoise Le Liepvre, dame de la Motte, la Courbe, et de Mesnil le Vicomte, en présence de hault et puissant seigneur Jehan de la Ferrière, baron de Vernye, Thessé, Saint-Fraimbault, Raveton et Sommaire, nobles hommes Robert du Mesnil, seigneur de Lespinay et de Saint-Martin Lesguillon, Michel Le Bouteiller, seigneur de Blairon en Bretaigne, Pierre de Montreulx, seigneur de la Vallée, Julien Juhey, seigneur de la Mondyere, François de Boisfevrier, seigneur de la Faverie, Jehan Heude, seigneur de Mily, Jehan Le Viel, seigneur de la Fauvellyère. » (1) (Immense pancarte en parchemin.)

12°   23 juill. 1568.

RATIFICATION, au château de Goué, par haulte et puissante dame Gabrielle d'Aulnay, du mariage de Jean de Goué, son fils, avec Suzanne de Villers. (Cahier en papier.)

---

(1) Il fut convenu que si la part d'héritage du cardinal donnée à Jean de Goué, par Louise du Bellay, valait 300 livres de rente, elles compteraient en déduction des 1500 livres promises par Jacques de Goué.

50

13°   6 mai 1574.

Copie du Testament de Jacques de Goué, seigneur
dudit lieu et de Fougerolles. (Papier.)

14°   1575.

« Requeste civille pour messires Claude de Maillé, seigneur dudit lieu, baron de Milly, et Jean Baron de Sansac
et Gabrielle d'Aunay, au roi Henri de France et de Poloigne, contre messire René Dubellay, sieur de la Lande
et Marie Dubellay, sa femme, et Catherine du Bellay,
dame de Lavardin, accusés d'avoir obtenu par surprise,
au parlement de Rouen, 23 juin 1574, sentence favorable
à propos des biens du feu reverendissime Jean cardinal
du Bellay, donné à Rouen. » (Grande pancarte en parchemin : écriture très serrée : compte-rendu clair et complet
de l'état du procès depuis la mort de Guillaume du Bellay
jusqu'au dit jugement de Rouen.)

15°   10 juin 1575.

« Arrest en parlement de Rouen pour reprendre ou
delaisser le procès entre les srs de Goué et les srs du
Bellay qui donne le temps de six semaines. » (Cahier en
papier.)

16°   3 août 1575.

« Lettre d'Henri roi de France et de Poloigne » au
parlement de Rouen, sur la prière des sieurs de Milly et
de Sansac, contre René du Bellay, Marie et Catherine
du Bellay, tous héritiers du feu cardinal du Bellay, mort
à Rome en 1559, « afin de pourvoir les suppliants de manière juste et consciencieuse, *tellement quilz nayent plus
cause de retourner par devers lui*. » (Bande de parchemin, sans sceau.)

17ᵉ   1ᵉʳ fév. 1577.

DEMANDE DEVANT LABITTE, JUGE DE MAYENNE, par Suzanne de Villers, à Ambroise de Goué, curateur de la fille mineure de Jean de Goué et d'elle : 1º de son douaire ; 2º de 240 livres annuelles, pension alimentaire de la mineure depuis le décès de Jehan de Goué son père : « le curateur là-dessus *incidemment faict requeste a ce que lad. de Villers fut condamnée representer lad. mineure pour estre ordonné* (par lad. court de Mayenne) *quelle seroit baillée en garde et a instruire a aultre qu'a ladite demanderesse en consideration de ce qu'il disoit qu'elle etoit de la religion pretendue réformée... qu'il offrait faire comparoir les parents lesquels sont concordement daccord et advis que lad. myneure soit nourrie et instruite a la religion catholicque apostolicque et romaine et par ladvis desd. parents ils oposent quelle soit nourrie et instruite a la religion pretendue reformée ; et a requis et conclud que lad. myneure luy fust representée devant le juge de lad. court et baillée et envoyée a labbaye dEstival en la garde de labbesse sa tante qui offre la nourrir gratis et la instruire en bonnes manières et conditions.* » Il fut jugé qu'on accordât le douaire et qu'on rassemblât les parents. (Papier.)

18º   19 fév 1577.

« ORDONNANCE DE HENRI ROY DE FRANCE ET DE POLLOIGNE, faicte à Blois le roi y estant pour renvoyer aux maistres des requestes ordinaires de son hostel en leur auditoire du Palais à Paris au sujet d'une requeste presentée au roy par le baron de Sansac dame Jeanne de Maillé son espouze et Claude de Maillé sr de Milly heritiers de feue dame Claude de Gravy dame de Brezé, remontrant que feu messire Eustace du Bellay evesque de Paris aurait formé complainte contre lad de Gravy pour une donation

52

à lui faite par led. cardinal en 1553, evocquée des requê-
tes du Palais à Paris et renvoyée en la court du Parlement à Rouen ou les sieurs et dame de la Lande et de
Lavardin, subrogés au lieu dudit evesque auraient même
pretendu les meubles dudit cardinal en vertu d'une autre
donation du 15 mai 1555, et auraient poursuivi le jugement en 1574 tant contre lesd. de Brezé que contre le
tuteur de la fille myneure du sieur de Fougerolles mort a
Paris le xxiiiie aoust 1572.... lequel sieur de Fougerolles donna occasion de l'arrest dud. parlement du 23
juin dite année 1574, (1) contre lequel lesdits de Brezé et
consorts réclament n'ayant point été entendus à cause de
leur absence pour le service du roy. » (Deux pièces l'une en
parchemin et l'autre en papier, très belle écriture, en
double.)

19°   3 oct. 1577,

JUGEMENT DE JACQUES LABITTE « docteur en droictz juge
général du duché de Mayenne : De la part d'Ambroise de
Goué curateur de damoyselle Jeanne de Goué nous a este
exposé que par cy devant il a este donné arrest en la
court de Parlement de Rouen entre messire René du
Bellay baron de la Lande époux de dame Marie du Bellay
dame Catherine du Bellay dame de Lavardin d'une part
et messire Jacques de Goué tant en son nom que comme
curateur de lad. Jehanne de Goué et ses consors d'aultre
pour raison des successions de deffunct messire Guillaume
du Bellay, seigneur de Langey chev. de l'ordre du roy
gouverneur pour le roi en Piedmont et de messire Jehan
cardinal du Bellay, en execution duquel arrest led. expo-
sant auroit este appele en qualite de curateur de ladite
damoyselle.... desquelz procès jugés et à juger il a faict
consultation et trouve qu'il estoit expedient pour le prof-

(1) A cause, est-il dit ailleurs, qu'il était de la religion réformée.

fict de lad. myneure *den accorder* attendu mesme que
messieurs de Milly et Sansac chevaliers de l'ordre du roy
ses consors grands seigneurs y ayant pareil interest que
lad. mineure ont délibéré d'en accorder et a cest effect
se trouver en la ville de Paris la vigille Saint Martin
prochain ou se doibt trouver le sieur de la Lande tant
pour luy que pour lad. dame de Lavardin.... lequel
curateur ne peult et ne vouldrait decider rien en proces
de pareil consequence sans ladvis des parents de la myneure.... En consequence le juge susdit donne plein
pouvoir de les convocquer et rassembler pour en décider. »
(Papier.)

20°   1577.

TROIS LETTRES des conseillers d'Ambroise de Goué,
Lambert et Arondel, sans grand intérêt.

21°   27 sept. et 20 octob. 1577.

LETTRE DE MARIE DU BELLAY A AMBROISE DE GOUÉ s. D'AUDRAY.

« Monsieur mon cousin monsieur dAudray a Goue.

« Monsieur mon cousin je suys infiniement marrye que
lhomme que vous envoyastes au Plessys Mace ny trouva
monsieur de la Lande ou moy affin de vous avoir renvoye par luy la lettre de monsieur de Mille laquelle je
vous renvoye par ce porteur Jescrys a madame ma cousine votre mere pour laccord dont vous avez escript Je
vous prye voir la lettre et nous en faire responce par led
porteur vous voyerez par icelle le temps qui nous a senble
le plus a propos pour adviser sil y aura moyen de nous
accorder affin de ne discontinuer la poursuitte de noz
proces car mons de la Lande ny madamoyselle de

Lavardin ma sœur nont pas volonte que les propos que nous tenons a present pour accorder retardent aulcunement la poursuitte de nosds proces a Rouen Parquoy je vous supplye si messrs de Mille de Sansac et vous avez volonté daccorder vous vouloir trouver à Paris la vigile Sainct Martin suyvant ce que j'en escrys a mad dame votre mere Jestime que vous aurez faict scavoir a monsieur de Bullou et aultres qui y ont interest affin que silz ont volonte daccorder ilz sy veillent trouver Je ne vous puys mander qui mons^r de la Lande ny mad sœur auront volonte de prier pour nostre part de se trouver a nostred accord daultant quilz ne sont pas ceans Monsr mon cousin sur vostre parolle et promesse que me fistes au Plessys Mace que feriez delivrer incontinent a madamoiselle de Lavardin ma sœur si ja ne lavoyt receu largent des despens que nous avons obtenuz contre madame de Goue et ce faisant vous avoys promis quon ne feroyt poursuitte des aultres despens que neussions eu de voz nouvelles qui mavoyt faict prier mad sœur de ny faire poinct de fraiz lasseurant que me tiendriez promesse mais ayant attendu le reste du moys de juilliet tout le moys daoust et moictie de cestuicy elle a pense et moy aussi que naviez volonte de satisfaire a vostred promesse ou quil ne vous en estoyt souvenu dont elle a este faschee contre moy se voyant nous sommes resoluz de vous demander lesd despens de madame de Goue et la part de ma cousine vostre niepce de la consignation du proces vuide a Rouen or je vous prye vouloir donner ordre a ce quil ne sy face davantage de fraiz et sur ce

« Monsr mon cousin je me recommenderay humblement a vostre bonne grace pryant Dieu vous donner bonne vie et longue De Glatigny ce xxvii^e de septembre »

« Vostre humble et obeissante cousine »

« Marie du Bellay »

Sceau de Marie du Bellay (1)

22°   21 oct. 1577.

Lettre de Germain d'Anthenaise a M. d'Audray.

« Monsieur mon cousin monsieur dAudreil »

« Goue »

« Monsr mon cousin je fere faire hune procuration ain-
sin que mescrives dens le temps quen deves fournir et sil
vous ployst lenvoyer querir ou prendre en passent la
treuvoystes preste je ne ai moyen recourir promptement
ung nottere le surplus sera apres vous avoyr presante mes
humbles recommandations supliant nostre createur.

« Monsr mon cousin vous donner aie saincte longue et
bonne vie Anthenaise ce xxi° octobre. (2)

« Votre plus certain et milleur amy a vous obayr »

G. Danthenayse.

23°   20 oct. 1577.

Lettre de l'abesse d'Estival a M. d'Audray

« A monsieur mon nepveu monsieur d'Audré a Goué.

« Mon nepveu, jay receu une lettre par ce porteur
et ay este fort ayse dentendre des nouvelles de madame

---

(1) M. Paul de Farcy, l'un de nos plus distingués collègues, a
bien voulu dessiner le cachet avec lequel Marie du Bellay scella
sa lettre. Nous tenons à le constater ici et à le remercier.
On verra plus loin la signature autographiée de Marie du Bellay.

(2) Anthenaise, d'où écrit ce seigneur, était le Plessis d'Anthenaise, paroisse de la Chapelle-Anthenaise, berceau de cette
très ancienne famille mancelle encore existante.

ma sœur et des vostres quand aux miennes elles sont
bonnes la grace a Dieu me trouvant aussi saine que je
fuz il y a longtemps quand a ma bonne creature je n'en
ay depuys rien ouy jattenderay encores jusques a ceste
toussainctz et si elle ne revient entre cie la je la pour-
suiverez son bon frere est de present a grand mont je me
doubte bien quil fera encores quelque menee pour lem-
pescher de venir encores quil dise a tout le monde quil
est fort ayse de la promesse quelle ma faicte et quil ne
desire rien plus cinon quelle mobeisse et quelle retourne
ysi avecques moy mais je ne my fye poinct pour tout cela
car je suys trop rabastue de ses dissimulations. Je voy
par vostre lettre que vous avez deliberay d'aller a Paris
a ceste Sainct Martin pour accorder avec monsr de la
Lande. Il n'y a rien en ce monde que je desire plus et de
voir madame ma sœur et vous en repos je mattends que
vous me manderez ce que vous aurez faict ou que vous
repasserez par yci a vostre retour pour men dire vous
mesmes ce que je vous prye me recommandant de bon
cœur a vos bonnes graces et a celles de ma niepce et prye
Dieu (1).

« Mon nepveu vous donner longue et heureuse vie.

« Estival ce 20ᵉ octobre 1577.

        « Votre bonne tante et bien sure amye.

                « RENEE DAUNAY. »

(1) Il y a toute apparence que *la bonne créature* de Renée
d'Aulnay est l'une de ses filles, probablement Anne de la Ferrière qui ne fut pas mariée, et le *bon frère*, René de la Ferrière.
On a vu que cette notice mentionne trois de la Ferrière, Jean
baron de Vernie, Jacques s. de Bulou, René, son fils, s. de
Vautorte, tous les trois gentilshommes du Maine : est-ce l'un
d'eux, qui se réfugia à Paris suivant Théodore de Bèze, au
commencement des guerres de Religion, et qui accueillit, au
Pré-aux-Clercs, les premières assemblées de la reforme ? (Dom
Piolin, v. p. 407).

24°   16 déc. 1577.

Avis de Jean Chauvelin, Chauvelin le jeune et Pasquier

« Le conseil soubzcrip, quy a entendu les procès et differendz meuz pour raison de la succession et des dispositions de feu monsieur le cardinal Dubellay lecture fecte de la donation du xve may mil v^e LV et de larrest donne au parlement de Rouen le XXIIIe juing mil v^e LXXIIII ensemble du proiect dune transaction et d'une promesse que lon veult faire en l'execution dicelle et au mesme instant avecques le tuteur de la damoiselle heritiere de defunct Jehan de Goué seigneur de Fougerolles est led conseil dadvis les instances estre infiniment confuzes et enveloppez pour la multiplicité des donations et dispositions faictes par le defunct sieur cardinal.

« Touteffois sur la donation de lan cinquante cinq dont la coppie est exhibée et représentée il semble qu'il soit difficille de debastre et empescher leffect dicelle donation.

« Tant parce que cest une donation a cause de mort qui nest pas subiecte a insinuation parce que elle est ambulatoire et revocatoire nempesche pas l'effect des hipothecques et alienations subsequantes et en consequance de deffault a linsinuation ne pourroit pas induire nullité.

« Tant que les meubles suivent le domicille et ne peult on estimer que le domicille dud sr cardinal fut en la maison de Langé au ressort de la coustume de Bloys prohibitive des donations a cause de mort car led sr cardinal estoit doyen du college des cardinaulx a Rome dignite qui requiert residance et sy estoit evesque de Hostiance ou il debvoit pareillement residance et sy tant quil a este en France il a tousiours este en suitte de court comme conseiller au privé conseil qui sont domesticques de la maison du Roy et leur domicille est censé et repute estre a Paris de sorte que tous ces cas seroit bonne la disposition des meubles.

Tant que par la donation il y a expresse clause relative a la disposition des coustumes et en consequance lon ne peult reputer ceste donation estre de tous biens joinct aussy quelle nest pas des biens presents et advenir.

Et en ces perplexitez il semble que le tuteur avecques ladvis des parens pourra transiger et pour le present semble ceste transaction advantageuse a la mineure quy seroit contrainct de rendre et restituer au cas que la donation fut declaree bonne et vallable.

Et a cela il y a deux raisons qui y doibvent inciter le tuteur et les parens oultre les difficultes cy dessus desduictes.

L'une est que les maieurs habilles a estre heritiers y ont renoncez.

Laultre que par larrest donne au parlement de Rouen la plus part des biens ont este deffinitivement adjugez et pour le surplus ont este les fins de non recevoir et pretendues nullitees couvertes par le reglement de contrariete donne par le mesme arrest.

« Et pour le regard de la promesse de la descharge de dix mil livres que lon veult faire a linstant dicelle transaction il sembleroit estre plus expediant de linserer en lad transaction sinon que cela fut faict pour empescher que les autres qui veullent entrer en ceste mesme composition ne se volussent prevalloir de cest advantaige.

« Et ne doibt le tuteur delivrer aulcun tiltre ne papier sinon par inventaire et moins se obliger en son nom parce que quelque caution que lon puisse apporter en telles affaires sy par cy apres la mineure se trouvoit lezee elle pourrait estre destituee.

« Et pareillement ne se doibt charger de l'advis des parens ny de lomologation de la transaction parceque le parlement ce pourroit rendre difficile Touteffois il ne semble pas que en cela le tuteur doibve riens tanter sans ladvis desd. parens.

« Delibere a Paris le seiziesme decembre lan mil cinq

cens soixante dix sept. J. CHAUVELIN, CHAUVELIN, E. PASQUIER. »

25°   17 sept. 1577.

LETTRES, par Antoine du Prat, chevalier de l'ordre du roi, seigneur de Nantouillet, garde de la Prevosté de Paris, qui attestent LA TRANSACTION intervenue en ladite Prevosté, par devant Claude Franquelin et François Croiset, notaires du roi *en son Chastelet de Paris,* entre les du Bellay d'une part, et d'autre part les de Goué, de Maillé et de Sansac. (Joli cahier en parchemin : détails très intéressants sur l'ensemble du procès, dont cette pièce fut le dernier acte).

VI

Fac-simile d'autographes. Notes.

On nous persuade de terminer cette notice par un tableau des signatures de quelques-uns des personnages qui s'y trouvent mentionnés, mais celles-là seulement dont nous avons les authentiques en main. Il y sera joint, sous des numéros d'ordre, des notes appropriées et deux nouvelles pièces, courtes mais curieuses.

Quelques mots de ces personnages conviennent à notre sujet.

1° *J. de Laval.* Sa signature est deux fois sur une charte du XIII° siècle, vidimée par lui en 1459 et 1476. Il était mort en 1497, époque du mariage de Michelle de Laval, sa plus jeune fille, avec Patrice, seigneur de Goué, fils de Thomas et de Mathurine du Boisgamas. Michelle de Laval n'a été connue d'aucun historien, pas même de Duchesne. Jean de Laval, chevalier, seigneur de Brée, la Coconnière, de Hermet, des Hayes, de Fougerolles, la Freslonnière, etc., l'avait eue ainsi que tous ses autres enfants de Marie des Haies-Gascelins.

2° *Thomas de Goué,* époux de Mathurine du Boisgamas, chevalier, seigneur dudit lieu, du Parc-Herminal, Mesnil le Vicomte, etc. Au contrat de mariage de Patrice son fils avec Michelle de Laval, dernier avril 1497, il promit à celle-ci, *pour le jour des espousailles a titre de don de nopces gratuit troys hacquenees de prix sellées et bardées.* Nous réservons plus de détails pour une *notice de* cette *maison de Goué,* que son ancienneté, la conservation de ses titres et l'honneur d'être encore existante rendent une des plus intéressantes du Maine.

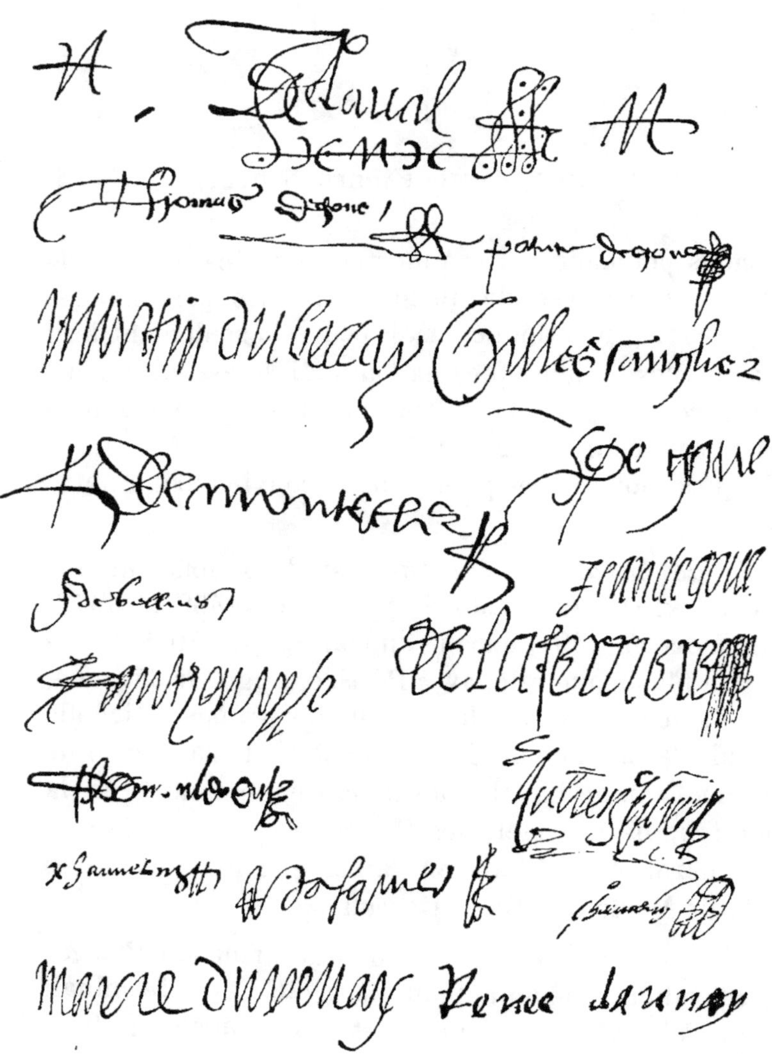

L'Héritage et les Héritiers des Du Bellay

Signatures des principaux personnages cités dans le mémoire
(0,533 de la grandeur naturelle)

3º *Patrice de Goué*, écuyer, seigneur dudit lieu et de Fougerolles, etc.

4º *Gilles Sanglier*, chevalier, seigneur de Boisrogues, Brée, Hermet, etc., fils d'une sœur de Michelle de Laval, vendit la seigneurie de Fougerolles, à Patrice, seigneur de Goué, le 26 juin 1519, pour le prix de 4.550 livres. L'acquéreur et consorts payèrent par à-comptes et mirent plus de dix ans à se libérer. Un Thomas de Goué, chargé de la tutelle du fils mineur de Patrice, explique par le menu, dans ses comptes, les dépenses de l'itinéraire qu'il faisait à cheval, de Goué à Boisrogues, pour *contempter* Gilles Sanglier. Son excursion par les vieilles bourgades du Bas-Maine et de l'Anjou, l'importance des sols et des deniers pour payer les dépenses d'alors, le ton, les détails du gentilhomme comptable, consciencieux, naïf et sobre, rendent assez agréable la lecture de son vieux compte : nous le croyons digne de l'impression ne fût ce qu'à titre de renseignements topographiques.

5º *L. de Montécler*. Louis de Montécler, seigneur dudit lieu, de Bourgon et de Montaudin (1), l'un des tuteurs de Jacques de Goué, le fils mineur de Patrice et d'Ambroise d'Anthenaise, sa seconde femme, reçut d'un curé des environs de Laval, une lettre naïve et gracieuse, assez intéressante pour être rapportée textuellement. Le curé, gentilhomme de la maison de Bellée en Vaucé, n'y remercie pas seulement le seigneur de Bourgon de ses bons offices, mais il y insinue quelques mots sur le cardinal du Bellay :

« A Monseigneur

« Monseigneur de Bourgon

« Monseigneur humblement a votre bonne grâce me recommande

« Monseigneur je vous remercye bien humblement de

____

(1) Bourgon est en Montourtier ; Montaudin au canton de Landivy.

votre beau brochet lequel est le plus beau que il est possible de voyrs monsgr jenvoyre dimainche prochain votre drap a Paris et escripre par affection de Saincte Cecille (1) monsieur mon abbe sen va bientoust a la court pour aller faire ce voyaige de Nice il est mande de monsgr le Cardinal du Bellay monsgr je ne scay rien de nouveau Monnerye est encore dans ceste ville Jespere estre a vous a pascques fleuryes sy je puys au plus tard a la sepmaine penneuse Monsgr je baille a Jehanne des grunes se que jey peu recouvrer priant Dieu monsgr quil vous donne en bonne sante aussy bonne et longue vye comme la vous desyre tous les jours. A Beaulieu ce vendredy matin

> « Votre cure et milleur »
> « serviteur a jamais »
> « F. DE BELLEES »   (2)

6° *J. de Goué*. Signature de Jacques de Goué pendant qu'il était page de monsieur de Chateaubriand et encore mineur.

7° *Martin du Bellay*. Cette signature avec le sceau très curieux du sieur de Langey, termine un certificat de présence au corps en faveur de Jacques de Goué, son porte-enseigne :

> « Martin du Bellay, chevalier de l'ordre du roy sei-

---

(1) *L'affection à Sainte Cécile* est ici une allusion au Cardinal du Bellay qui en avait le *titre*, et le jeune homme, auquel le curé s'intéresse pour l'avoir peut être instruit, devait tenir de très près à M. de Bourgon.

(2) Cette lettre qui n'est pas ici autrement datée fut écrite le 21 mars 1538. Nous avons ailleurs remarqué que Beaulieu est une paroisse des environs de Laval, où la famille du Boisgamas avait son château d'Audray. Le jeune Jacques de Goué, pupille de monsieur de Montecler de Bourgon, en était seigneur alors : c'est pour cela, semble-t-il, outre ses raisons intimes et personnelles, que monsieur de Bourgon trouva tout simple d'aviser le curé de Beaulieu de la façon la plus aimable d'une sorte de pêche miraculeuse qui s'était faite à l'un des étangs de M. de Goué, celui de Nautray, le 19 mars 1538. Le titre de *monseigneur*, déféré à Louis de Montecler, peut bien indiquer qu'il avait le gouvernement de Laval, comme d'autres membres de sa famille.

gneur de Langey prince d'Yvetot gentilhomme ordinaire de la Chambre dudit seigneur roy cappitaine de cinquante hommes d'armes de ses ordonnances et son lieutenant général en Normandye en labsence de monseigneur le duc de Bouillon Certiffions a tous quil appartiendra que Jacques de Goué seigneur dud lieu est guydon de cinquante hommes d'armes estantz soubz notre charge et en tesmoingn de ce nous avons signé ces presentes et faict sceler du scel de nos armes donne a Hyvree ce XVIIme jour de mars 1554.

« MARTIN DU BELLAY »

L'exergue qui est autour du sceau : *Marinus Bellaius Langius,* est remarquable comme spécimen du goût de l'époque pour les noms latinisés (1).

8º *Jean de Goué,* souvent rapporté ci-dessus.

9º *Julien Juhey,* un des amis de Jean de Goué.

10º *Pierre de Montereulx,* idem.

11º *J. de la Ferrière.* Jean de la Ferrière, baron de Vernie, ami de Jacques et de Jean de Goué.

12º *G. d'Anthenaise.* Germain d'Anthenaise, gouverneur de Fougères.

(1) Le dessin que nous en donnons est dû à M. Paul de Farcy comme celui de Marie du Bellay.

13° *Marie du Bellay*. C'est la fille de Martin, seigneur de Langey, prince d'Yvetot, femme du baron de la Lande, et la nièce que le cardinal du Bellay intéressa principalement à sa succession.

14° *Renée d'Aunay,* abbesse d'Estival : on a lu la lettre au bas de laquelle elle mit la même signature qu'on voit au tableau.

15° *F. de Bellées.* C'est le signataire de la lettre ci-dessus à monsieur de Bourgon.

16° *J. Chauvelin*, avocat au parlement de Paris, un des signataires de la consultation de 1577. Voir ci-dessus cette pièce.

17° *Chauvelin*, avocat au parlement de Paris.

18° *E. Pasquier*, avocat au parlement de Paris. Pasquier fut une célébrité comme l'on sait : son article biographique est bien traité dans le dictionnaire historique de Feller.